地域を変える市民自治

井手敏彦の実践と思想

井手敏彦選集刊行会　編

緑風出版

目次

地域を変える市民自治
井手敏彦の実践と思想

3 戦争と平和にこだわって 117

4 文化と暮らし 141

5　地域と自治

6　井手さんの歩んだ道

沼津周辺図

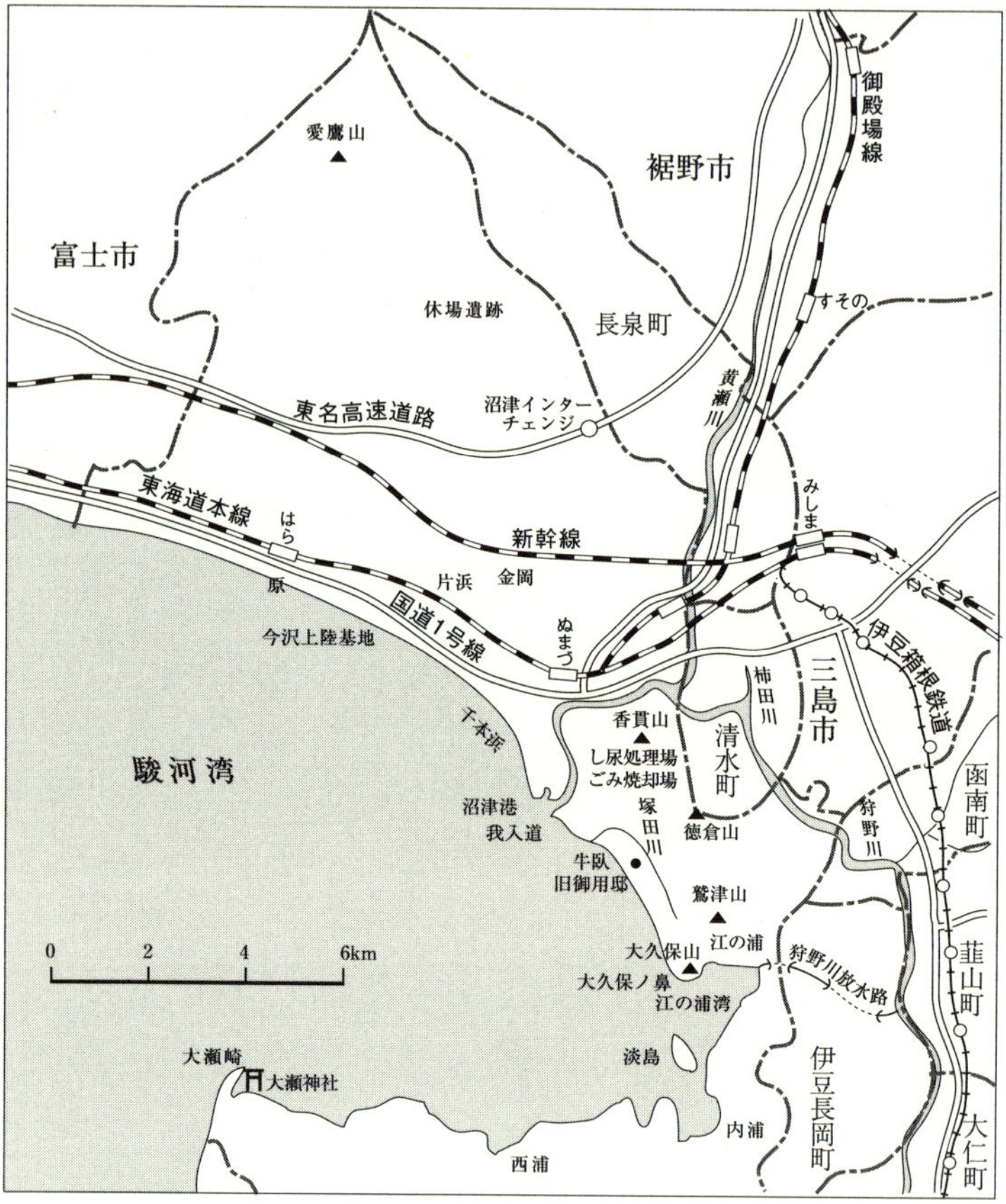

（1975年当時）

1

ゴミとリサイクル
——容器包装リサイクル法改正への視点

解題　井手さんに学んで

熊本　一規（明治学院大学教授）

今日、ごみ問題をめぐる最大の争点は「拡大生産者責任」にある。拡大生産者責任とは、九四年にＯＥＣＤ（経済協力開発機構）に発足したプロジェクトによって、ごみの処理・リサイクルが依拠すべき原則として打ち出されたもので、「処理やリサイクルの費用を生産者に負担させ、製品価格に含ませる」という原則である。

税金負担のごみ処理のもとでは、処理のことを考慮しない生産・消費が行われ、そのツケが税金に押し付けられるのに対し、処理・リサイクルの費用を生産者に負担させるようにすれば、生産者はそれらの費用をなるべく少なくしようと努力するようになる。生産物が遅かれ早かれ必ず廃棄物になる以上、ごみ問題の解決には生産物を変えることが重要であり、拡大生産者責任はそれを実現するのである。

こうした認識は、今日でこそ、容器包装リサイクル法への批判を通じて、かなり広まった。同法は、市町村が分別収集した容器包装を生産者が引き取ってリサイクルするという仕組みを創ったが、回収からリサイクルまでの総費用のうち事業者負担は約一五％に過ぎず、残りは自治体負担である。

そのため、事業者が容器包装を変えようとする努力を十分に引き出せないうえ、自治体が資源化貧乏に陥っているのである。

井手敏彦さんは、すでに九二年に、拡大生産者責任と全く同じ考えを次のように述べている。

「スチールかんが売れなくても、それが再生資源であることには些かも変わりはないはずである。その回収と資源化のコストは誰かが支払うことになるが、それは一体誰か。そこを厳しく問いただすことがリサイクル型への転換のために必要である。……消費者は……、リサイクル費用をあくまで業者の負担にさせる途を選択すべきである。

いわゆる公害問題に関しては『PPPの原則』が当然のこととされるが、この原則は、企業による公害処理の負担が最終的に消費者価格に上乗せされることを拒否していないのである。ごみ処理あるいはリサイクルの費用も同じように、汚染者負担の原則を貫くことが必要である」（『行政と住民共闘の〝ごみ戦争〟』）。

拡大生産者責任は「PPPに従って作られた」とされている。OECDのプロジェクトが八年もかけて検討したことを、井手さんの慧眼《けいがん》は、すでにプロジェクト創設の二年前に見抜いていたのである。

井手さんは、現実の問題に取り組む運動家であるとともに、運動をとおして社会・経済のあり方を考える稀有な思想家であった。拡大生産者責任の主張に示されるように、その思索は深く、時代を先取りしていた。

現代は、「生産と消費の極大化」を目指す時代から、「資源と環境の制約下に如何に生きるか」を目指す時代への大きな転換期である。しかし、日本では、政治家や産業界はいうまでもなく、革新までもが生産力の増大とそれに伴うより大きな配分を目指してきた。そんな中にあって、井手さんは、時代を先取りし、生命と環境を守る視点から、運動し、思索し、発言されてきた。

資源環境問題に取り組む先駆者たり得たのは、井手さんが実践と生き方に根ざした思想家だったからである。井手さんは、政治家というよりも、幅広い知識のみならず、一定の世界観と歴史観を備え、思索する哲人であった。票数のことを気にして大衆に迎合するのではなく、時代の問題に敏感に反応するアンテナを持ち、理念を追求する理想主義者であった。

八一年、運輸省・厚生省のフェニックス計画を機にごみ問題に取り組むようになった私は、以来、井手さんから多くを学んだ。個々の知識のみならず、ごみ問題をみる際の視点を学んだ。ごみ問題は、処理のことを考えないで野放しの生産を続ける産業界との闘いの場であることを学んだ。拡大生産者責任やごみ有料化についての私の考えは、井手さんから学んだ視点から導き出されたものにほかならない。私と同様、井手さんから視点を学び、ごみ問題に取り組んでいる市民は、全国各地に存在し、いまも健闘を続けている。

井手さんは「若い世代に何も残してやれないのかという寂しさには痛惜の念を禁じ得ない」(『言いたいほうだい』沼津朝日新聞九八・六・一七)と書いておられるが、それは井手さんには珍しい認識違いである。

井手さんは、多くのごみ仲間に貴重な遺産を残されたし、井手さんに学んでごみ問題に取り組み続ける仲間のなかに、これからも生き続けるのである。

行政と住民共闘の〝ごみ戦争〟

――「沼津方式」に見るリサイクル型への歩み

望ましい自治体先導の環境行政

近ごろ、「環境にやさしい」という言葉が一種の流行語のようになって、土建屋のCMにまで使われている動きには大変危険な落とし穴がある。一般に、流行語化することは、ことの本質的解決に迫らず、見せかけのポーズを示しつつ、やがて消えてゆく運命を辿ることは、かつての「省エネ」の宣伝で経験したとおりである。

世のなか真っ暗になるほどのパニックの状態を惹起する一方で、大臣どもが省エネルックなどという半袖開襟シャツを新調したりしたマンガも登場したが、発電所が揃うとともに誰も「省エネ」などといわなくなったことを、厳しく思い起こす必要がある。また、科学博などを開催して、まばゆいばかりの二一世紀を演出して見せたのはつい数年前であったことも思い起こす必要があろう。

環境問題というのは、そんなに一時の流行に終わらせていいことではない。これ以上環境破壊が進めば、生物としての人類が永く生き続けることができないだろうという絶対的条件のなかで、真剣に対処しなければならない問題である。それは、人間のいままでの行動が環境にやさしくはなかったという切実な反省から生まれるべきものである。したがって、従来の行動からの断乎とした訣別の決意が必要である。当然にその訣別には痛みが伴うであろうが、その痛みに堪え、それを克服する覚悟なくしては、環境にやさしくなることは不可能である。いまの環境危機の流行は、その痛みを感じることもなく、あるいは痛みをできるだけ回避しようとしつつ、格好だけ流行に合わせるのである。

ごみは、その環境問題のなかでも最も深刻な問題として私たちの目の前にあるにもかかわらず、なおその深刻さの意識は十分でなく、たとえば、「ごみは資源問題である」という程度のとらえ方が多数を占めている。たしかに、ごみを資源として見直すことは、〝たかがごみ〟として打ち捨ててきた従来のおごりと比べれば一歩前進と評価していいであろうが、ほんとうはごみを環境問題としてとらえることが今日何よりも重大なのである。ガルブレイスの言葉にあるように、「成長の限界は、資源の涸渇でなく、廃棄物を収容する場所がなくなること」だからである。

ごみは〝モノの流れ〟の果てにあるものであるから、ごみ問題への視点は、モノの流れそのものの再構築でしかあり得ない。今日の大量生産、大量消費、大量廃棄の構造のなかの、大量廃棄のところだけをなんとかしようとしても空しいことは自明の理であろう。ごみが抜き差しならない環境問題である以上、廃棄の面だけを問題にしても始まらない。

ことは明白であるのに、日本の政府や国会の対応は、九一年秋の「廃棄物処理法」(「廃棄物の処理及び清掃に関する法律」)の改正の経過に見られるごとく、生産や流通の面ではいささかの痛みをも回避しつつ、ごみ処理という廃棄の面だけにいっさいの責任を背負わせようとするものである。たとえば、環境庁が提唱した「循環型社会の構築」などは、痕跡も残さずに消し飛んでしまった。そして、従来のごみ処理の閉塞状況を最も痛切に味わっているはずの市町村行政も、自らの改革への痛みを覚悟することなく、さらにその責任を消費者たる住民に強く押しつけようとしている。

これからの環境行政の先導的役割は、自治体が担うことが望ましい。市町村ごとの、あるいは数市町村が、地域的連帯性のなかで運命を共同にする自覚と責任をもって、まずその地域の環境を守る仕事に必死になるべきである。そして、その地域の環境を守るために住民との協力関係をつくり、時には政府に必要な措置を要求したり、時には企業責任を追求したりしながら、環境破壊のツケを外に回さないよう努めることが、何よりも求められることである。

本稿は、環境問題としてのごみへの対応についての行政と住民のあり方、また、主として、いわゆる一般廃棄物とその処理に関する私見を述べる。環境に及ぼす害については、産業廃棄物のほうがより深刻なのは事実であるが、〝行政と市民〟という関わりでは、一般廃棄物をどうするかが身近であり、またそれゆえに、転換が難しいと思うからである。

敦賀からの「ごみゼロ」メッセージ

一九九一年六月八日、九日の二日間、福井県敦賀市で「ゴミュニケーション・イン・敦賀」と名付けた集会が開かれた。この集会の趣旨は、敦賀市にある民間の廃棄物最終処分地に、全国四〇近い市町村の一般廃棄物（焼却残渣・不燃物）が持ち込まれているという異常な状態を知った〝ごみ仲間〟が、敦賀にごみを持ち込んでいる各市の行政担当者や議員、その他ごみ問題を追っている市民運動家などに集まってもらい、この現状をどう考えるかの意見交換をしようとするものであった。つまり、ごみを捨てる側と捨てられる側が一堂に集まり、どう交流するか、どんな交流ができるかを問う集会であり、その趣旨で「ゴミュニケーション」という名称が使われた。

集会には各地から一二〇人の人たちが集まり、ごみを捨てている側も積極的に参加してくれて、初めての試みとしては内容的に得るところが少なくなかった。が、捨てている側の情報がほとんど伝わらず（これは当該自治体がひたすら秘密にしているためである）、なお、ゴミュニケートの壁は厚いことを認識することとなった。

地元としてこの集会を企画した「敦賀・水と緑の会」は、このような、〝ゴミュニケーション集会〟がこれからも各地で開かれることを願いながら、次のようなアピールを発表した。この熱い内容のアピールのなかに、ごみ問題に対する行政と市民の対応についての重要な指摘がすべて並べられていると思うので、あえて全文を紹介する。

〈五・三〇プラス一〇アピール〉

わたしたちは、次のような考え方に立つべきです。

一、あらゆる点で、特定の地域が益を得るために、他の地域が苦痛を感じなくてはならないという地域間の関係は存在させてはなりません。

二、廃棄物を、①一般廃棄物、②産業廃棄物、③有害廃棄物、に分類し、高レベルで厳重に管理すべき③を除く①②のごみは「自区内処理原則」が大前提です。
三、廃棄物・ごみ問題は、自然・環境の保護や保全と不可分の課題です。
四、廃棄物・ごみの最終処分場の立地は、土地利用問題であり、水源地域など地区環境に重大な影響を及ぼす地点に立地させないよう配慮する必要があります。
五、ごみの減量化・リサイクルは、ごみ問題解決のため不可欠の対策です。
六、ごみを汚い穢《よご》れたもの、目の前から消せばよいという意識を改革して、敬意と感謝の気持ちを忘れずにごみと仲よく付き合うことが大切です。
七、「混ぜればごみ、分ければ資源」。ごみは、その大部分が本来資源となるべきものです。そのため、ごみを排出するあらゆる場面（家庭、ごみステーション、職場・生産施設等）で細かい分別、特に資源ごみを徹底分別する必要があります。
八、資源連鎖（リサイクル等）を経済問題として位置づけ、そのコストを経済収支に組み込む必要があります。
九、最終的に処分すべきごみは、身近に置ける、あるいは自然に帰せるものへと変化させ、適切に管理することが必要です。特にごみの広域的処理は、やむを得ない理由があり、両地区の住民が合意しないかぎり、行ってはなりません。
十、福井県敦賀市のごみ持ち込み問題は、自然・環境問題を含み、あらゆる点で現在のごみ問題を象徴しています。敦賀市民が、自ら排出するごみの処理問題、ごみ持ち込み問題の解決に向けて行動することを支持・支援します。

（アピールは、このあと、市民がやるべきこと、行政に求めることをそれぞれ数項目の具体的内容にまとめているが、その部分は省略する。とにかく、ゆえなくして、水明の地に関東地区のごみが捨てられている敦賀の市民の、このアピールに何と答えるべきか、いま私たちに問われているすべてがそこにあると思う）

清掃労働者たちがつくった「沼津方式」

静岡県沼津市は、一九七五年から市民の手でごみを「分別排出」する方式を始め、従来、一般に行われていた「可燃」「不燃」の別をやめ、「資源ごみ」という新しい概念のもとにごみの分別処理を行ってきた。このいわゆる「沼津方式」を始めるきっかけとなったのは、それまでごみを捨てていた埋立地付近の住民から、環境破壊を理由に、これ以上ごみの投棄を許さないという強い反対運動に直面したからであった。市では十数年来、その山間部の谷間を埋立地として使用していたが、老朽化した焼却炉からのきわめて醜悪な残渣（焼却灰というより、むしろ燃え残り）や、ありとあらゆる不燃物をゴッタに投げ捨てて土を被せてかくしていただけの、きわめて惨めな埋立状況であった。反対運動はなかなか収まらず、このままでは市内の公園内にごみを一時貯留するしかないという切迫した事態ともなった。また、焼却炉の新設も計画したが、これも激しい住民の反対にぶつかり、まさにごみ処理の危機にぶつかった。そのとき、「ごみのことをいちばんよく知っているオレたちがこのごみ危機を突破する先頭に立とう。現場、現場といってバカにされてきたオレたちの力を示してやろう」と立ち上がったのが、市の清掃労働者たちであった。

「沼津方式」は、彼ら清掃労働者が、その思いのなかで立ち上がって市民のなかに飛び込んでいき、必死の努力でつくり上げた方式である。その労働者と市民の共闘のなかで、いくつかの重要な思想が生まれた。いずれも、ごみの現場でつくられた、きわめて労働者感覚に満ちた言葉である。ごみ処理の思想とは、机の上で練られるのでなく、まさに現場のなかでおのずと賢い言葉となってつくられるものなのである。以下、それらの中心となる言葉と思想を並べてみる。

「ごみかくし」をやめる

これが「沼津方式」戦略の根本になる言葉である。ごみは汚く臭い。鼻をつまみながら、なんでもかでもゴミ袋につめて持ち出し、早くどこかへ片づけろ、ということのみを要求する。これは住民側の「ごみかくし」にほかならない。清掃行政も、〝早くきれいに〟を最高のモットーとして、出されたごみ袋をとやかくいわずにせっせと収集車に押し込み、どこか、あまり人目につかない所で焼いたり埋めたりする。これは行政側の「ごみかくし」である。さらにいえば、モノをつくったり売ったりする業界も、ごみ処理にはなんら関心をもたず、責任も負担も感じようとしないことも業界側の「ごみかくし」に通じるであろう。このように、すべての人が「ごみかくし」を当たり前とし、他人に処理を押しつけるという体質を打破することが、ごみ処理の出発点だと彼らは指摘した。「ごみかくし」をお互いにやめ、何をごみにしたかを明らかにし、自分でごみに触れてみて、自分でできることをやってみる、それが「ごみかくし」をやめるという思想の表現である。

ごみ袋に何が入っているかわからないゆえに、彼ら労働者は竹串やガラスで怪我をする、びんが割れ、ボンベが爆発する。自治体職員のなかで最も労災事故が多いのは清掃部門である。ごみはたしかに汚くて臭く、かつ取り扱い上危険も多いから、かくされてはたまらないという労働実態もあるが、それ以上に彼らは、精神的意味をこめてごみを出す側のルールを求めたのである。焼却場や埋立場に皆が反対し、それが当然のように通用するなら、その皆に嫌われるごみを毎日扱っているオレたちはいったい何なのか。そういう屈折した思いのなかから、「ごみかくし」をやめようという訴えが切実な響きとなって、市民の間に浸透していったのである。

「分ければ資源　混ぜればごみ」

いまは各地で、リサイクルに向けての合い言葉のように使われているこのスローガンも、沼津の現場から生まれたものであり、現場労働者のホンネが率直に表現されている。彼らは毎日ごみを収集しているから、ごみとして出されたもののなかに、資源として再生でき、売れるものがどんなにあるかは、日常体験のなかで痛感しているところである。彼らは、市民と一緒になってごみの山を分類してみて、いわゆる不燃物として出されるもののなかに、資源化できるびんやかんなどが容積にして六〇%以上あることを互いに確認し、そういうものをただ埋めていた〝もったいなさ〟を市民とともに話し合った。しかし、ゴッタに積まれたごみの山から、びんやかんを選り分ける作業は汚く臭く、数時間もかかる途方もない作業であることも知った。分けなければダメだが、その分けるのは排出時にあらかじめ分けて出す以外に方法はなかったのである。

近ごろ、資源化を訴えようとするときに「ごみは宝の山だ」といういい方がされることがよくあるが、このいい方はけっして正しくはない。なぜならば、いかに宝となり得るようなものがごみに捨てられていようとも、その宝を選び出すという行動がないかぎり、ごみの山は永遠にごみの山でしかない。ごみが宝の山となり得るには、誰がどのようにしてそれを拾い出すかという行動が伴わなければならないからである。

フィリピンやタイでは、ごみの山から一本の釘やプラスチック製品まで懸命に拾い出す貧しい人たちがいるが、日本では真新しい電化製品がむざむざとごみになっていても、それに手を触れようとする人がいない。この状況のなかでは、ごみは絶対に資源の山にはなり得ないのである。その意味において、「分ければ資源」のほうよりも「混ぜればごみ」のほうが重要な意味をもっている。

「分ければ資源」となり得るとしても、いまの反リサイクル型の市場経済のなかで、つまり逆流通が成り立っておらず、かえってそのシステムがどんどん潰《つぶ》れていっている状況のなかで、実際に資源化の途《みち》は簡単には開けてこない。資源化は、資源回収が業として成り立っている間は比較的スムーズに進むが、円高や土地価格の高騰、人件費の上昇などによって回収業はますます窮地に立たされ、さらにファッション化する製品の際限のない増加によって、資源として回収される製品は急激に減っている。「分ければ資源」を市民にのみ押しつけ、有価物の集団回収だけを唯一の資源化ルートと考えている行政のもとでは、「分けても資源化できない」という悩みにぶつかるに違いない。

沼津市では、製紙の町富士市に隣接しているという地の利があるため、古紙類は集団回収（チリ紙交換を含めて）が定着していた。かんなども相場がいいときは回収業者が引き取っていたが、相場の下落とともに引き取られなくなる。いわゆる〝生きびん〟のようにボトラーの営業政策がつくった逆流通に乗るものは行政が手を出す必要はない。「分ければ資源」として行政が直接関わるべきものは、資源化できるものであっても逆流通ルートのないものとか、市場経済のなかで放り出されるものを対象とする。放り出されるものをごみとして処理してはならないというのが「沼津方式」の考え方である。だから、沼津が最も力を入れて「分別」システムをつくったのは、引き取りが不安定ないし不可能なびんやかんその他の金属類であり、これらの分別収集の量は日本でもトップであるが、けっして資源化量の多さ、ましてその売り上げの大を望んではいない。せっかくの再生資源を回収しない市場システムをのろいつつ、しかも放り出されるものを放置する行政であってはならないとするのである。

十五年にわたって築いてきた市民と行政の分担

住民も行政も、ともに「ごみかくしをやめよう」という以上、当然に住民と行政との責任分担、つまり、どこまでが住民のやるべきことであり、行政はどういう責任を果たすかが明らかでなければならない。そしてごみを分けることがごみ処理の基本である以上、ごみの排出者である住民がごみを分別排出し、その分別排出されたものを再生したり、その他の処理をするのは行政が責任をもってやるという、相互の仕事と責任の分岐点をステーション（町中のごみ排出の場）に置いた。ステーションこそが、市民と行政の唯一の触れ合いの場であり、同時にごみ処理にまつわる痛みを分け合う場である。その分け合いをどう作るかを具体的に市民との話し合いによってルール化した。どこまで分別できるかは、〝普通の自治体〟の〝普通の市民〟ができることを基礎にして組み立てなければならない。

沼津市民がやっている分別よりもっと高度な分別をしているといばる消費者運動家がいるが、一部の意識の高い有志たちがいくら高度の分別をしても、それは町全体のごみ処理にはならない。沼津では、二〇万市民の誰でもが普通にやれることをシステム化しているのである。

前述したように、古紙類は集団回収のルートに集まるから、びんとかんが主な対象であるが、その分別のルールとして定めたのは次のようなことである。

びんは数百にのぼる銘柄をいちいち覚えるわけにいかないから、びんの高さと色（白、茶、黒、緑）によって区分してもらう。そこまで分類してあれば、あとは生びんにしろ、カレット（廃棄びん）にしろ、行政が運ぶだけで容易に処理できる。かんは、アルミとスチールに区分しなければならないが、社会に出回っているかんのなかにはその区分がまぎらわしいものがあるため、これは一緒に出してもらって収集後に行政がアルミとスチールを区分するようにする。その他の複合的な製品も、市民ができる範囲で区分してもらうが、基本的には職員が分解する。沼津方式は、この程度の分別であるし、やってみれば市民にとってそれほど大きな負担ではない。だから十五年前から今日まで続いているのであり、この程度のことはどこの市町村でもやっていいはずだと沼津市民は思っている。

ごみを勝手に出して、行政がサービスとして早く片づけることに馴れたスタイルから見れば、沼津方式は市民に過分の負担をかけていると非難されよう。事実、沼津市でも、この方式への転換がスムースに滑り出したわけではなく、市民負担の増大として激しい市民の抵抗があった。その非難に対して、清掃労働者が懸命に自分たちの労働への理解を訴えるとともに、真の行政サービスとは何かをも、具体的に説いて回った。

黙々として早く集め、かつ回数も増やしていくのは、なるほど一見して行政サービスの向上と見えるかもしれない。しかし本当の行政サービスとは、いかにごみを正しく処理し、ごみ処理費を低く押さえ、ごみ処理にかかる税負担を安くするかを考えることではないか。ごみをいたずらに増やす状況を黙認し、ごみ処理の人員や車両を増やし、莫大な費用をかけて焼却や埋立に精を出すことが行政サービスといえるだろうか。それよりも、市民がごみの排出時に分別という仕事をすれば、ごみ処理に使う税金はこれだけ低くすることができる。彼らは、そのことを自分たちで独自につくったスライドやビデオを使って市民に説いて回ったのである。いまでも彼らは、この行政サービス論に自信をもっている。

沼津市のごみ処理を視察に来る人は、十五年前から引きも切らず今日でも続いているが、最も感心されるのは、ステーションの場における市民と職員の交流の姿であり、清掃現場職員の仕事ぶりである。清掃職員がこんなに一生懸命仕事をしているのを見たことがないと感動される人が多いが、それは十五年にわたって市民と行政との交流が築いてきたものにほかならない。分別排出を市民の仕事としている沼津方式のなかでは、分別に対する報奨金のようなものは当然一銭も出ていない。集団回収を進める刺激として奨励金を出す市町村がふえているが、沼津方式は、その思想や手法に対しては否定的に考えるし、実際の効果も期待ほどではない。互いの力の出し合い、痛みの分け合いでごみ処理費を低くしようという方式を、もう一度振り返ってみてほしいと思う。

ごみの資源化手法として、ごみを無分別状態で収集し、リサイクルセンターなどで分別するやり方がある。ゴッタに持ち込まれるごみを分別するのは機械化できるものもあるが、しょせんは人間の目と手で分けるしかなく、騒音とほこりのなかで低賃金労働者が汗を流してその作業を続けている。沼津の労働者はその状況を見ると、これは人間の労働ではないと嘆くのである。

現場感覚から出た「ごみゼロ」目標

五月三〇日を、語呂合わせで「ごみゼロ」と呼び、全国いたる所でゴミ・ゼロ・キャンペーンが行われるようになっている。そのキャンペーンの多くは、河川とか道路の清掃、つまりクリーン作戦である。しかし、このようなクリーン作戦はごみゼロとはほど遠い。なぜならば、その地域だけ見たところクリーンになったとしても、拾い出されたごみはどこかへ持って行かれて捨てられるに違いなく、ごみはゼロになったのではなく、場所が移動しただけのことなのである。ごみゼロを目標とする減量作戦なるものを掲げる市町村も多いが、これも内容を見れば、一〇％減量とか一〇〇グラム減量などという、総量のみをとらえた抽象的な対策に終わっている。つまり、その市町村が扱うごみの量をいくぶんでも減らしたいというだけの近視眼的なものでしかない。

さらに、ごみの減量化などはごみ職場の縮小につながるという労働者の既得権論議まで過去にはあった。いまはその思想は少なくなったが、素朴な職場擁護の観念はいまだに残っていよう。その思想が残っているかぎり、ごみの増量に悩みながらも、職場の拡大、処理施設の増強の方向は歓迎される。つまり、ごみという、本来「負」の増加さえも、処理する側（いいかえればサービス供給の側）からすれば発展のチャンスであり、GNP伸長に確実に寄与することになるのである。

そういうなかで、沼津方式は「ごみゼロ」が目標であることを十五年前の沼津方式開始のときにすでに主張していた。これも、労働者の現場感覚から出た切実な訴えであり、流行語とは質が違う。「ごみゼロ」になれば当然に彼らの職場はなくなる。自らの首がなくなることを百も承知の上であえて、「ごみゼロ」が目標だという切なさをどう理解すべきであろうか。

ごみは汚い、誰もが嫌うものである。沼津のように、清掃労働者の労働を市民が大きく支えている場合でも、ごみを処理する労働の苦痛はどうしてもつきまとう。ごみを出す側がいかに注意しても、しょせんごみの苦しみからは解放されない。そういう苦しい労働はなくなったほうがいいと彼らはいうのである。

さらに、モノの流れの末端で、いくら汗をかき智恵をしぼっても、処理しがたいものが次々に生産されてくる社会のままでは、その苦労も報われないで終わる現実がある。それに対する現場の怒りも、実際にごみを分けているなかで沸々とわき上がるのである。彼らは、真剣な思いで、ごみなどない社会が来ればいいと願っている。それが、後始末に終わる悲しさを知るからなのである。

——いまのゴミ処理体制は、他人に自分の尻ぬぐいをさせておいて、その上、尻ぬぐいをしてくれる人に対して蔑視的になるという、二重の意味で罪を作り出している。——

（門奈仁之著『生活の再構築』新時代社刊、一九八二年より）

「廃棄物処理法」改正の意味するもの

「廃棄物処理法」（「廃棄物の処理及び清掃に関する法律」）が、一九九一年十月二日、実に二十年ぶりに全面改正された。私たち〝ごみ仲間〟が永年にわたって法の改正を求め続け、時には具体的な改正内容まで準備してきたところであり、また、これと組み合わされる予定であった「再生資源利用促進法」のほうが、前の国会で先立って成立し、いわば置いてけぼりを食わされただけに、この改正が行われたことは喜ばしいことであった。

しかし、私たちが最も改正の重点と指摘してきた廃棄物の定義の是正、産業廃棄物と一般廃棄物の区分の見直し、生産・流通業界の処理責任の明確化、有害廃棄物の厳しい管理などの諸点は、改正案準備の段階で骨抜きにされ、国会審議のなかでも多くのあいまいな点を残したままの成立となり、私たちの期待を大きく裏切るものとなった。すでに諸外国においては、環境と資源の視点に立った廃棄物関係の法体系が次々と整備されているというのに、日本は依然として〝たかがごみ処理〟といった誤った観念を脱せず、ごみ処理の側から切実な要求となっている業者責任を不問にしたままの体制が続くことになった。

環境問題の重要なファクターであるごみ処理は、このままではきわめて憂うべき状況にある。そのなかでも市町村のごみ処理プロセスについては、いくつかの重要な改正が含まれており、これを真剣にとらえ、従来のプロセスを大きく転換してゆく可能性は十分にあると思う。この改正を機に、転換の決意を新たにし、また時には、条文を超える意気込みをもって市町村清掃行政の新しい取り組みに進んでほしいと思う。

住民もまた、転換に伴う痛みに敢然と挑戦し、新たなごみ行政の展開を目指してほしい。いま、ごみ処理の苦労を嫌がっていては、私たちの子ども、あるいは孫の時代には、もっと大きな苦労をしなければならなくなるのは必定であり、ごみを出すことさえできなくなるかもしれない。〝首までごみに埋まる前に〟いま私たちがやるべきことは無数にある。

以下、改正された廃棄物処理法を「新法」、改正前のものを「旧法」と呼んで、ごみ行政転換の図式をスケッチしてみる。

「不要物＝廃棄物」と定義したままの「新法」

「旧法」第二条は、廃棄物の定義として「汚物又は不要物であって固形状又は液状のもの（放射性物質及びこれによって汚染されたものを除く）」とあり、その解釈として、何が不要物であるかは、占有者の主観によるから客観的に不要物か否かを定めることができないとして、本人が不要としたものはすべてごみとして扱うべきものとした。今日、ごみとして捨てられているもののなかに、とうていごみという言葉の感覚からは想像できないような真新しいものや、まだ十分使えるものが山のようにあるのは周知のことであろう。ごみとはいえないようなものまでごみに出し、清掃行政を一介の〝片づけ屋〟に堕落させた元凶は、この規定にあるといっていい。生産者も消費者も、不要となったものを何の疑いもなくごみに出し、早く片づけろという行政サービスを求める体質は、このごみ定義が助長したのである。

残念なことに、この点は「新法」でも改正されていない。「新法」第一条には、法律の目的のなかに「廃棄物の抑制」という言葉が出てくるが、この言葉が、不要物イコール廃棄物とした従来の固定観念からの脱却を目指しているとは考えがたい。私たち〝ごみ仲間〟は、この排出物イコール廃棄物という定義、および廃棄のいかんを本人の主観に委ねるという法運用こそ、改められるべき第一の点であると指摘してきたが、それは改正されずに終わったのである。

人間の生活、その生産過程や消費過程で、さまざまな排出物が出てくることは止めようがないと思う。しかし、その排出物を直ちに〝ごみ化〟せず、修理、交換、再利用などの工夫をこらし、いま使っているものの〝ごみ化スピード〟をできるかぎり延ばすことは、けっして難しいことではない。修理や再生の仕事を成り立たせることも、健全な市場経済維持のために必要なことだと思う。不要物を簡単にごみ化する張本人は、新宿に豪華な庁舎を建てることによって、旧庁舎を壮大な瓦礫とごみの山にした東京都自身であった。それがごみとは何かの問題を象徴しているのではあるまいか。

「新法」で示されたごみ処理プロセスの改革

「旧法」では、法の目的を「廃棄物の適切な処理」というあいまいな言葉で片づけ、かつ、その処理の内容として、収集・運搬、中間処理、最終処分を含むといっていた。この点は「新法」では大きく変わり、「排出の抑制、適正な分別、保管、収集、運搬、再生、処分等の処理」というように、処理の内容を定め、その態様を区分している。さらに「旧法」では、市町村の廃棄物処理計画には、可燃物、不燃物、粗大ごみの区分をするよう例示していたが、「新法」では、排出の抑制策、分別の種類と区分、処理を実施するものの明確化、などを処理計画のなかに盛ることを規定している。これも市町村にとっては具体的な大変革といっていい（いずれも第一条および第六条参照）。

この「新法」に示されている大変革に、従来の行政サービスに馴らされてきた市町村担当職員と住民がよく応えられるであろうか。特に、臨調という得体の知れない機関が、収集業務を単純業務と決めつけ、その効率化のために民間委託を推進してきたことをどう反省したらいいのか。おそらく多くの市町村は、いまさらのように「分別」や「再生」の計画を立てろといわれても、とまどうばかりではなかろうか。沼津の方式がその途の先駆だといわれても、前述したことが明らかなように、沼津方式は直営の清掃労働者の、血の出るような生まれ変わりの上にできたものであって、どこの市町村にでも通用するものではない。まして、「分別」や「再生」が最も必要なはずの都会地において、これを実施しようとするには都市生活そのものの根本的見直しが求められよう。つまり、町づくりそのものからやり直さなければならないのである。従来のスタイルをできるだけ温存しつつ、この転換に対処するとすれば、その手法はいわゆる有価物の集団回収に頼るほかないであろうが、これは早晩限界にぶつかると思う。

「焼却」は反リサイクル

収集段階での転換の難しさは、さらに中間処理の代表的な手法として一般的になっている「焼却」をどうするかという段階で、いっそうのとまどいを生むだろう。従来のごみ処理プロセスのなかで、焼却は過大に評価されすぎてきたと思う。元来、焼却とは、ごみを最終的にはどこかへ埋める前にできるだけ効率よく、かつ衛生的に〝減容〟する一つの手法であるにすぎない。それを過大に評価して、焼却炉建設がごみ処理の最大の目的となるように仕向けてきた従来の清掃行政は、大きな間違いを犯したといえよう。

たとえば、その減容効果にしても、日本の現状が残渣率が一六％という、けっしていい数字を示していないのは、焼却炉にインプットされるものの質を十分に区分していないからである。可燃、不燃の別がいいかげんであったり、混合収集であったりする場合は、残渣率は二三％にも達する。また、可燃物とされる紙類の異常な増加によって、発熱量が既存の焼却炉の設計値を上回り、十分に焼却できないという状態も惹き起こしている。

最近のごみに含まれる種々の化学物質が、炉のなかで複雑な反応を示すゆえに、焼却炉のなかには有害なものがたくさん入ってくることも、近ごろ特に注目されてきている。「新法」において「特別管理廃棄物」という新しい概念が新設され、いままではすべて無害としてきた一般廃棄物のなかでも、焼却に伴うＥＰ灰（電気集塵機に捕捉される灰）を有害物としてこれに該当させようとしていることは、ごみ焼却の危険性を表しているものである。ＥＰ灰の始末をどうするか、市町村は大変な重荷を負うことになろう。

焼却による有害ガスについては、硫黄酸化物、窒素酸化物、塩化水素、ばいじんの四物質だけに規制値があるが、その他のどんな有害物質が出ているかは、まだ十分な測定もされないまま放置されている。焼却による有害物質の〝閉じ込め〟は、技術的に、また金をかければある程度可能であるが、それは莫大な建設費と運営費を伴うであろう。近ごろの最新式と呼ばれる焼却炉の建設費は、トン当たり八〇〇〇万円を超える。

このように、これからのごみ焼却は大変なコストを必要とすることになり、市町村が容易に取り組めるものでなくなってくるが、従来のスタイルの変革をなし得ない場合には、依然として「焼却主義」は捨て切れないことになろう。ごみの分別を新方針としている厚生省すら、可燃物の全量焼却を省の方針とし、現在の七二％の焼却率を九〇％以上にしようという予算を目指している。全く不可解であり、焼却炉メーカーと結びついているのではないかとの疑いも生じる。焼却とは、モノの生命を断つことであり、本来、「再生」とは裏腹のもののはずである。紙の焼却に行きづまる愚に陥るより、紙の再生の途をつくり、できるだけ焼却しないことが、はるかに環境と資源を守る上で大切なのである。焼却は反リサイクルだということを、改めて確実に位置づけたい。

ごみ投棄にみる都会人の身勝手さ

ごみ処理の最終局面は埋立である。「埋立」は最終局面であるとともに、ごみ処理の究極の目的として最も細心の注意のもとに行われるべきである。埋立は（山にしろ、海にしろ）つまりは自然界への放出である以上、それが環境や生態系を乱さないためには、自然の浄化力の範囲で行われなければならない。そして、それが確保できるという前提があり、大気や水の汚染のような拡散は避けられるという理屈の上に埋立が認められるはずのものである。

しかし、実際には多くの汚染物質を含んだままのごみ投棄が行われ、そこから土壌や地下水の汚染という、最も回復の難しい環境問題が出ていることが明らかになっている。すなわち、あらゆる汚染物質が最終的に廃棄物に集中しているのに、その処理のいい加減さが最終局面で大きな拡散につながるという結果となり、いまや、全く出口のない状態になっている。まさにガルブレイスの指摘したように、「成長の限界は、資源の涸渇でなく、廃棄物を収容する場所がなくなること」が現実の問題になったのである。

この最も重要な埋立対策を軽視してきた結果、自分の所にはすでに埋立地がないとして、次々に「遠隔地投棄」が始まる。特に目立つのは、〝都会から田舎へ〟（あるいは先進国から第三世界へ）という構図である。これは都会の身勝手が生んだ田舎への侵略といっていい。なんとしてもこの構図はやめなければいけない。

しかも一般廃棄物の場合、他の市町村区域内にごみ捨て場をつくることはできないから、この遠隔地投棄はすべて〝業者委託〟のかたちで行われ、捨てる側と捨てられる側が明確な関係を持っていない。捨てる側は業者に委託した以上、それがどこへ運ばれようと知らぬ顔をし、捨てられる側も業者仲間のことであり、処分場に関する権限は市町村にないとして手の出しようがない。このような違法ないし、脱法的行為が放置されているのは理解しがたいことである。収集や焼却の民間委託も大いに問題があるが、埋立の民間委託は、なかでも厳しく禁止すべきであろう。

「新法」においても、この点は明確な対応は見られていないが、廃棄物処理計画作成の内容、廃棄物回収業者の区分や許可のしかた、あるいは最終処分台帳の整備などの規定を厳しく運用し、安易な業者委託を規制し、遠隔地投棄をやめさせるよう努力してほしいと思う。

以上、述べたように、「新法」はけっして物質循環という視点をもたず、特に生産・流通業者の責任を素通りした点で、きわめて不満足なものであるが、ごみ処理は優れて市町村の現場の仕事であり、長い間苦しみ続けた現場がこの機会に奮起し、少なくとも従来のごみ処理行政の転換を追求していくならば、リサイクル社会へ向けての足元からの動きは確実に出てくると思う。

リサイクルの問題点

リサイクルが環境危機を救う行動となるには、真の循環型社会を構築する視点を確立して行わなければならず、たんにモノの流れの末端におけるごみの再生、再利用だけでは、環境を守ることにはならない。まして、今日における行政側のリサイクルの呼びかけは、市町村が取り扱うごみの量の総体が減ればいいとする程度の退嬰的なものにすぎない。そういうなかで、多少でもリサイクル型社会形成を目指そうとすると、まず直面するのは「コスト」の問題であろう。今日の反リサイクル型市場経済のもとで、ごみの資源化、再利用は基本的にコストに合わない。また、どんどんコスト高になっていくことを防ぐことも難しい。コストに合わなければ、資源としての回収、再利用は直ちに潰れ、それは同時にごみ化を意味する。

一九九一年夏ごろから、日本の電炉の活動低下を理由に、屑鉄回収業者が屑鉄の種類ごとに引き取り値を設定し、金を出さなければ回収しないという態度をとった。スチールかんなど以前から回収されがたくなっていたが、今度は明らかに引き取り代を要求してきたのである。

回収業者のなかには、リサイクルが普及した結果であるようないい方をするものさえ出た。民間のリサイクル願望がようやく高まり、「再生資源利用促進法」の施行や「廃棄物処理法」の改正が実現した矢先の出来事であり、一般のリサイクル意欲に水をかけたことは確かである。この出来事をどうとらえるかが、これからのリサイクル動向に大きな影響を与えるであろう。このままでは、多くの市町村が減量化運動の柱としている〝有価物の回収〟などは確実に形骸化するに違いない。

市場経済の動きへのコミットなしには…

普通のごみ処理はすべて経済外の行為として、行政はその外部不経済*を吸収するだけの仕事をしてきた。しかし、リサイクルは多少とも経済の領域に踏みこむ行為となる。したがって、市場経済の動きにコミットする決意あるいは体制なしに取り組むことができない。その決意や体制なしに市町村が安易にリサイクルに乗り出すのは、むしろ無謀であろう。そして、しょせんは市場経済のコストの流れのままでは、リサイクルの途は開けないことを知ることになろう。それゆえに、欧米の市場経済のなかでは、デポジット制度、税金ないし課徴金制度、強制的な回収の義務づけなどの、〝経済外的措置〟をそこに挿入することによって、リサイクルへの途を構築しているのである。日本では、そういう措置をいっさい遠慮して、経済の自制や企業の良心に頼るだけの途しかとらなかった。空しさがつのるだけである。

＊企業が生産に要した費用は、まずは企業によって負担され、ついでその製品を消費者が買うことを通じて消費者によって負担される。つまり、その費用は製品の市場（交換の場）の内部で負担される。これに対して、企業の生産活動が、市場の外部にいる第三者に費用を負担させたり、被害を発生させることがある。たとえば、企業の生産に伴い大気汚染が発生し、周辺住民の洗濯代や家屋の改築費がかさんだり、周辺住民がぜんそくになったりするような場合である。このような場合、その費用や被害（不経済）は市場の外部で生じているので、外部不経済という。

たとえば「再生資源利用促進法」に定める第二種指定製品となるスチールかんについて、産業構造審議会のメンバーが作成したガイドラインでは、再資源率を平成七年に六〇%（平成元年四四%）に上げると書いてあるが、誰がどのようにして率を高めるのかという点についてはまったくふれていない。つまりは、すべての仕事を市民と行政にしわ寄せして実現しようというポーズでしかない。

ごみの大部分は資源として再生、再利用できるものであるとしても、そのほとんどは市場経済のなかで見捨てられている。ごみのなかに資源が山のようにあるのでなく、資源をごみ化するほうが効率がいいという反リサイクル構造全体が問題なのであり、それを覆さないかぎり、末端でのリサイクル活動は空しいのである。

リサイクル費用はあくまで業界負担

沼津方式は、回収ルートがコストの面で確立しがたい、びんやかんの回収を行政が手掛けており、それらは一〇〇%資源化されているが、その回収、資源化にかかる手間と資源として売れる価格を比較すれば引き合う計算ではないし、その分別に精出す市民の努力は一銭も人件費に数えられていない。行政だからコストを超えてやることができるのであり、行政はコストに合わないからといって、リサイクルを拒否してはならないと確信しているからあえて続けているのである。しかし、それで満足しているわけではなく、ここまで努力しても報いられること薄く、ノホホンとしている業界に対する怒りは沸々とわき上がる。

スチールかんが売れなくても、それが再生資源であることには毫《ごう》も変わりはないはずである。その回収と資源化のコストは誰かが支払うことになるが、それは一体誰か。そこを厳しく問いただすことがリサイクル型への転換のために必要である。回収や資源化のコストを業界に負担させようとすると、彼らは〝消費者ニーズ〟とか〝消費者の道徳〟をかくれ蓑にし、また、そのコストが消費者価格にはね返ると脅迫する。

消費者は断じてその脅迫にたじろいではならず、リサイクル費用をあくまで業者の負担にさせる途を選択すべきである。

いわゆる公害問題に関しては「ＰＰＰの原則」（Polluters pay Principle　汚染者負担原則）が当然のこととされるが、この原則は、企業による公害処理の負担が最終的に消費者価格に上乗せされることを拒否していないのである。ごみ処理あるいはリサイクルの費用も同じように、汚染者負担原則を貫くことが必要である。

ごみ処理という外部不経済を押しつけられてきた清掃行政が、ごみの増量や処理困難物の重圧のなかで、コスト問題をいい加減にし、ひたすら消費者の税負担にのみ依存してきたことも大きな間違いであると同時に、こと分別や資源化についてはことさらに、コストを言い立ててそこから逃げようとすることは理解しがたい。ごみ処理もリサイクルも、ともに外部不経済をはね返すような取り組みをしなければならず、市民もまた、そのような行政の確立を支えるべきである。

リサイクルに限ったことではないが、コストが問題になる場合、それがいまの価格体系のなかで計算されるものにすぎないこと、そしていまの価格体系のなかには、もっと評価されるべき大事なものと逆に不当に評価されすぎているものがあることを知るべきである。特に、環境とか資源とか人間価値などの最も根源的に重要なものは、金銭的コストには入ってこないことを認識し、より大きく、より永い目で、真のコストを探りあてなければならない。

使い捨て容器の駆逐にこそ

近ごろのリサイクルの流行は、やたらにごみ化し、それを処理すると称して焼いたり埋めたりしていた従来の方式に比べれば、はるかに〝資源と環境にやさしい活動〟であろう。しかし、それればかりにとどまっていては、大きな落とし穴にはまる危険もある。

たとえば、牛乳の紙パックの回収が大流行であるが、ラミネートを外せば紙であるから古紙再生に回せるが、けっしてもとの紙パックに戻るものではない。したがって、紙パックの回収を免罪符として使用が続けば、パルプ原料の原木の伐採はますます進むのである。アルミかんの回収も、すでにアルミの地金の精錬が公害や電力コストを理由に、南米やアジアに日本の工場が移っているという背景を忘れるべきではない。そして、唯一のリターナブル（再使用可能）な容器であるガラスびんも滔々《とうとう》としてワンウェイのものが増えつつある。使い捨て容器のはんらんを許すなかで、その再利用に心身を減らすよりは、使い捨て容器を駆逐するほうがリサイクルの本道であろう。

遂に日の目を見ることができなかった環境庁の「循環型社会」の提唱のなかにも、「再利用より再使用のほうが大事」と書いてある。社会をリサイクル型に改めようとするなら、さしずめ、ちまたの自動販売機を追放することから開始することである。

都市生活の見直し

都市にはすでにごみの処分地がなくなったとして他地区、特に田舎にもっていく。それが、どうしてしかたないことなのだろうか。なかには、それが当たり前のような顔をしていたり、田舎の貧しさを助けてやるみたいな思い上がりさえある。ほんとうにそれはしかたがないのだろうか。

都会には人口と経済活動が集中する。そこに集積のメリットが生まれる。しかし、その集積のメリットは、同時に集積のデメリットも生じさせることを覚悟しなければならない。ごみはそのデメリットを代表する。だとすれば、都会が都会として生き続けるためには、ごみ問題を都市の宿命として必死の思いでその解決に取り組むのが当然であろう。それなのに、都市は、きらびやかな都市施設の建設にのみ熱中して、ごみ対策を放置してきた。街の隅々まで住宅地域を拡大し、人口集中に伴う交通手段の整備や各種公共施設の拡充、さらには公園や遊び場まで住民の要望に応えてきた。そういう施設づくりに集中した結果が、ごみ処理施設を造る場所をなくしてきたのである。住宅地ばかりでごみ捨て場がないという市がある。それは、ごみ処理施設が、公園などよりはるかに重要で不可欠な都市施設であることを忘れている証《あかし》でしかない。

都市には、何よりもごみ処理施設とその用地を準備しなければならず、それを町づくりの基本計画のなかに明示すべきではないか。さらに不可解なのは、ごみ捨て場がないとこぼしながら、おびただしい数のゴルフ場を次々に造っていることである。千葉市の生ごみを投棄された青森県田子町の町長が「ゴルフ場を造りながらごみ捨て場がないとは何事か」と怒っていたが、その怒りは、都会地のごみ捨て場になっているすべての田舎の人にとって共通するところだと思う。事実、関東地区に現在あるゴルフ場を一年に二つか三つずつ潰してゆくことによって、首都圏はごみ捨て場に困ることはなくなると思う。都会にはごみ捨て場がないというのは、ごみ捨て場を重点的都市施設としてとらえなかった町づくり、ないしは土地利用の誤りである。

ごみを汚いものとし、快適な都市生活に似合わないとする風潮が都市生活者のなかに根強くあるのも、ごみを田舎へ持っていく思い上がりなのである。田舎は都会人の消費する食糧や水の源である。そこに森があり、田畑があればこそ都会は生きられるのであり、森や田畑に最も恩恵を受けているのは都会の人たちである。その田舎を荒らして、どうして生きることができるであろうか。

日本のGNPを指標とした経済発展のプロセスのなかで、農業は衰微し山の守り手はなくなり、田舎はますます過疎になりつつある。都会のごみを引き受けることが田舎の財政を多少とも潤すことになるかもしれない。そのこと自体がまともな経済とはいえないが、ごみが金になり、その金を当てにするほどに厳しい現実があろう。だが、過疎を助けてやるというような思い上がりだけはやめてほしい。このごろのごみの田舎への運び込みを見ていると、都会のごみ捨て場を用意するために過疎を放置する政策があるのではないかとさえ思われる。

都市は集積のデメリットを社会的に解決していく上で、さまざまな生活の規制が必要である。最も一般的なのは交通ルールである。自動車の少ない田舎ではあまり必要のないルールが、都市交通では絶対に必要となる。都会の人々は当然のようにそれにしたがっており、違反者は直ちに罰せられる。

だとすれば、ごみについてもルールがあって当然である。分別など沼津のような田舎だからできるのであって、都会ではとても考えられないといった話をよく聞くが、しかし、本当に分別が必要なのは都会であることを真剣に考えてほしいと思う。都会には、厳しい都市生活のルールがなければならないのであり、それに従うことができないならば都市生活の失格者というべきである。

多くの人に支えられている都会人の暮らし

都市には、田舎のような地域のわずらわしさがなく、一人で生活できる気楽さがあるという。それが都会の特権のように信じられているとすれば、それはあえて幻想でしかないといいたい。都市は、生活のあらゆる面で、他人や社会の厄介に依存しているのであって、一人で生活していると思うのは幻想でしかない。巨大な社会資本や他人の努力のなかで生きているにもかかわらず、自由だと勘違いしているなかで刻々と失われていくのは、人に対する思いやりであり、地域性の喪失である。他人にどんなに迷惑をかけようが全く無関心になり、わが身辺さえ整えば地域がどうなろうと他人事としかとらえない。ごみを外に放り出しても、誰かがなんとかしてくれると決めている。そういう生き方が、ついに人類の生存を脅かすほどの地球環境の危機をもたらすに至ったのである。その風潮を助長してきたのが、いままでの都市行政の方向だったのではないだろうか。ごみ処理の面から都市の構造や生活のしかたを根本的に改革する勇気を都市はもつことができるだろうか。しかし、そんな〝たかがごみ〟のなかで、都市が瀕死の状態にあることは事実である。

東京は、そんななかでも、相変わらず可燃物の全量焼却に固執し、そして複雑で高価な処理施設を目指して海の埋立を推進するばかりである。ソフトな対策、ルールづくりはすでにあきらめてしまったのだろうか。

ソフトの先駆者としての「沼津方式」

「沼津方式」から汲み出した体験をもとに本稿を進めてきた。「沼津方式」はけっしてリサイクルのモデルではない。土に戻すことのできる生ごみを焼却し、土に戻ることのないプラスチック類を土にかくしているにすぎない。しかし、生ごみしか燃やさない低カロリーの焼却炉で頑張り、コストに合わない資源化に精力を注いでいる。それは、それが正しいごみ処理だと確信しているからである。

「沼津方式」を〝リサイクルの敵〟だとか、〝リサイクル業者を阻害している〟という非難を耳にすることがある。たしかに、行政が介入することは経済の見地からは問題があろう。しかし、いまのシステムのなかでどこまでリサイクルを進める力が現経済にあるだろうか。前にもふれているが、ごみ処理をすべて外部不経済に押しつけておいて、資源化については行政に手を出すなということはおかしい。現に資源化は経済のなかで組み立て得ないでいるではないか。「沼津方式」はけっして資源化目的ではないと割り切っていることも、いまの反リサイクル構造のなかでの行動であるが、いまにしてその重さが理解できると思う。

ゴミ処理を、施設の増強と近代化によって解決しようとする東京、横浜、川崎のようなやり方をハードの代表とするなら、「沼津方式」はさしずめソフトの先駆だといえよう。

その沼津もプラスチック製品の増加とか、オートバイや自動車まで一般廃棄物として扱わざるを得ない状況のなかで、新たな取り組みを迫られている。が、どこまでもソフトの大切さ——つまり、「ごみかくし」をせず、ごみを出す側と処理する側の人間関係を基本とする思想は貫きたいと思っている。そして、ハードの行く先が、〝ごみ労働の蔑視〟とか〝田舎への差別〟しか生まないことを最も警戒する。

一般的に見ても、いまのGNP経済のなかでの各種のリサイクル活動の意義は、資源化の実績よりも、より文明批判的なところに見いだせるのではないだろうか。

ゴミが宝か、宝がゴミか

昨年（一九八二年）五月八日の毎日新聞社会面のトップに「日本のゴミ　ウガンダの宝」という見出しの大きな記事が載った。〝干ばつと飢えに苦しむウガンダから日本の電気技術を勉強に来た青年が、自分の住む千葉県市川市にまだ十分使えるゴミがたくさん捨てられてあるのに着目、故郷の人に送ったらどんなに喜ぶだろうとゴミを集め始めた。その姿に近所の人も感動して協力、いままで集まった古着、おもちゃ、ズック靴など三トンが、この七月、宝船第一便として横浜港から積み出される〟という内容の記事である。二、三日後、その記事に打たれた全国の人々から〝善意の品続々〟という後報も続いた。

私は、この記者の視点に大きな疑問を抱いた。この記事には、今の日本人のゴミの捨て方に対する何の反省もなく、貧しい国への同情あるいはさげすみしかないではないか。大見出しは逆に「ウガンダの宝　日本のゴミ」であるべきで、その上でこそ日本とウガンダの心の交流が生まれる、という感想を書いたことがあった。そして同記者も、二〇日ほど後の同紙〝記者の目〟の特集ページに、全国から集まったゴミが二〇トンにも達し置き場もないという報告を掲げつつ、なぜ日本にはこんなに不用品があるのだろう、これは美談仕立てですむ問題ではないぞ、と改めて考えこまされたという反省を述べていた。私は、日本人のゴミの捨てようは貧しい国の人たちから見れば犯罪にも等しいと観念すべきだと思う。

近代化した？ 中国

カリフォルニア州には、多くのオルターナティブ・テクノロジイ（もう一つの技術）、あるいはソフト・パスを試みるグループが沢山あるという話を聞くが、そのなかの一人で、パッシィブソーラー*をすすめている Bruce Anderson の書いたもののなかに、次のような言葉がある。「資源不足を憂うるどの国においても、最高、最良の品質の製品が見られる。そこにはアメリカにあるような忌まわしい使いすて（Use-it-once-and-throw-it-away）のプラスチック商品の類は見られない」（拙訳）、面はゆいことに、彼はそのつつましく優れた品質の国の中に日本を入れているのだが、その日本はアメリカに追いつくことに懸命になり、ゴミについては遂にアメリカを抜いたともいえる。

＊ソーラ・システムのなかで、機械や装置を使って太陽熱を積極的にとるものをアクティブと呼び、とることよりも、熱の伝達、保存及びライフスタイルの変革などを重視するものをパッシィブと呼ぶ。

私が中国を訪れたのは一九七五年、まだ四人組の反近代的思想の強かった時代で、経済的にも日常物資が乏しく、家庭からのゴミなどほとんど見られない状況であったが、それでも物の生命を大事にする生活や社会の制度には感心することが多かった。町かどに金属を捨てる容器や紙を捨てる箱などが置いてあり、製材工場などにはオガ屑の利用工場が付属していた。そして政府（自治体）の当局者は、私たちはプラスチックの処理法ができていないので、プラスチックは造らない方針である、と語った。負け惜しみではないかと言う人もいたが、現にプラスチックの処理には全く手を上げざるを得ない日本の自治体清掃行政からみると、造らないでほしいという実感はウソではない。

その中国も今ではスーパーが生まれてポリ袋が増えつつあり、「中国の近代化が先進国の過ちを追いかけるものならば、確かにそれは成功しつつある」と外国人が皮肉を書いていると報じられている（一月三〇日　毎日・反射鏡）。

ゴミではないゴミ

沼津方式として全国に知られている沼津のゴミ分別収集は、清掃現場職員の血のにじむような努力の上に実ったものだが、彼らの心中には、市民の毎日出すゴミが実はゴミではなく、それを焼いたり埋めたりする空しさと悲しさが満ちている。昨年（八二年）、彼らは新たに〝ゴミサロン〟なるものを現場に設けた。毎日の収集作業のなかで真新らしいものを発見すると、それを大事に持ち帰りサロンに陳列するのである。サロンは市民に開放され、品物は希望者に無料で分けられる。利用者が多いので一人一点という制限がつけられる。彼らは、このサロン設置は、ゴミの分別に手間をかけてくれる市民への幾許《いくばく》かのお返しと言っているが、ゴミ意識変革の訴え、地球がゴミに埋まってしまうという警告でもある。彼らは、さらにゴミのなかにまじる貴重品も探し出す。江戸時代のうるし塗酒だる、明治のころのアイロンや大時計、昔をしのばせる農機具などがあると、それを市の民俗資料館に運ぶのである。ゴミ屋はまた文化財発掘者ともなった。

〝フローの経済〟の空しさ

多くの町でリサイクルフェアのようなものが開かれ、どこでもゴミのなかの真新らしい家具や電気製品、衣類などが並ぶ。会場は好奇心で一杯になり、〝これがゴミ?〟という嘆息や、ゴミの捨て方に対する反省が聞かれる。だが、一歩会場を出ると、そこにはきらびやかな新品が並び、マスコミが次から次へと購買意欲をあおり、会場での嘆息も反省も、宝をむざむざとゴミにする生活習慣の変革にはなかなかつながってゆかない。もっと社会、経済全体への視野が必要であろう。

ゴミの現状は、右から左へ捨てることで成り立っている〝フローの経済〟の空しさを教える。ゴミを沢山出し、そのゴミを片づけるのに費用をかけることによって伸長するGNPとは何かを痛切に考えさせられる。そしてGNP三%の伸びでは不足だ、五%にせよ、などと総評が公的に要求するのを聞くと、やり切れない思いである。

（八三年四月）

ゴミによる国家改造法案序説

市町村の清掃行政が扱う「一般廃棄物」の量は年間約四〇〇〇万トン、事業者が処理責任を負う「産業廃棄物」は年間約三億トン。ただし、一般廃棄物の量は殆んど正確に集計されているが、産業廃棄物については単なる推算でしかない。

日本における資源フローから推計すれば、おそらく年間五億トンくらいの産業廃棄物がある筈であるが、把握がいい加減であり、あるいは隠されてもいるだろうし、とにかく厚生省の統計上では三億トンということになっている。

量からいっても、有害（毒）物質を多く含んでいることから見ても、産業廃棄物がどう処理されているかを追及することが重要である。さらに公害規制との関係も見直してみる必要がある。公害規制とは、有害物質を大気や水に〝たれ流す〟ことを規制して、排出時にそれを除去することであり、したがって除去されたものは当然ダストやスラッジに変わり、それは産業廃棄物となる。

有害物質は消えたのではなく、形を変えて排出されるだけの話であり、公害規制が進むほど産業廃棄物が増える、あるいは、産業廃棄物に逃げ込むことによって公害が処理されていると言っていいのだ。

ついでに、下水道処理場から出る汚泥も産業廃棄物に分類されており、また各種土木工事に伴う建設廃土もいまや廃棄物扱いにされ、都市生活が進むほど、これらがゴミ以上の重荷になっていることもつけ加えておこう。

このように廃棄物を問題とする以上、産業廃棄物を省く訳には行かないが、今まで連載（「町に知恵あり」）してきたことは、市町村の清掃行政と住民に視点をあて、その場合、住民の方がはるかに〝進んでいる〟という実感のなかで、いくつかの事例を紹介してきたのである。

たかがゴミくらいを追って世の中が変わる訳ではあるまいと思っている人が大部分だと思う。たしかに清掃行政の転換にしても現行法秩序のなかでのことであるし、リサイクルの追求も現存の経済秩序内でどこまで進み得るかの模索でしかない。そもそも、ゴミはマルクスにもケインズにも登場して来ないのである。いいだ・ももさんに『エコロジーとマルクス主義』という著作があってビックリしたが、それも要は生産面のエコロジーであった。中国に行って廃棄物のすべてが利用しつくされているのに感心したが、それは「節約の精神」に基づくものであったと思う。現代化中国は早くもプラスチックゴミに混迷していると聞く。

たしかに、ゴミに汗《あせ》しても体制内のことかも知れないが、革新が自ら中流意識に溺れ、前衛であることはおろか、住民運動を後衛することさえ放棄している今日、ゴミほど相手に切りつけ得るものが他にあるのであろうか。少なくとも切りつける闘いはそこに展開できると思う。少なくとも壮大な闘いの芽がそこにあると思う。

逆流通の一太刀の運動を

京都の槌田劭《たかし》さんは、故紙回収に汗を流した活動のなかでリサイクルの空しさを痛感されている。私も資源ゴミを集めてみて空しさに呆然とすることがある。沼津の資源回収で集まるあきかんは年間約二〇〇〇万個。飲料かんの生産は年間一〇〇億個だというから、二〇万都市なら二〇〇〇万個集めるのは当たり前ではあるが、色とりどりに美しいあきかんの膨大な山を前にしては腕を組まざるを得ない。この膨大なあきかんが再生ルートにのり、再び、あるいはそれ以上の数となってあらわれると思うとやるせない。処女資源を使うことに比較すれば、資源やエネルギーの消費も少なく、したがって生産に伴う汚染発生も少ないだろうが、大量生産・大量消費の図式は毫も変わらず、返って促進させているのかも知れない。そう思うと出るのは溜息だけである。

ましてや、リサイクルがペイする状況にはなく、小泉流静脈産業（八月号）にしても動脈側に脅威になるものでない以上、空しさは一層つのるのである。だからといって、槌田流粗食の哲学に同感しつつもそれを潮流にする勇気はなく、ただ毎日出てくるゴミに追われている〝しがなさ〟である。

その〝しがなさ〟のなかにあって、せめて一太刀を追ってみる手段は直接的な「逆流通」であろう。廃棄物を廃棄せず、小売店→卸売→メーカーという逆ルートでお返し申しあげることである。京都の長尾さん（四月号）はそれを「三方一両損」だという。市民と行政だけが苦労しているリサイクルは「二方一両損」でしかなく、のほほんとしている業界にも一両負わせなければいけないと言う。それが彼の言うデポジット制度の眼目なのである。

デポジットという〝金〟を媒介とするかどうかはともかく、小売店に戻すというシステムこそが一太刀になり得る。デポジット制はすでにアメリカやヨーロッパでは飲料容器について実施されているし、日本でもビールびんの引取りは商習慣として定着しているから、システムとしては資本主義の体制に順応するものであるが、こうまで野放図に使いすて時流に胡座《あぐら》し、それを煽っている日本の業界体質に対しては十分に革命的たり得よう。

デポジット的な逆流通を構築する上で、欠かすことのできないのは〝一太刀〟の気概である。それを欠いて法技術をこねくり廻してもできる道理がないことは、関東知事会議の醜態に示された通りである。アメリカのデポジット（ボトル・ビル）が、業界のすさまじい物量（札束）攻勢に必死に耐えた市民運動の勝利として結実したことを他山の石としなければならない。

野村かつ子さん（海外市民活動情報センター）は、そのアメリカの市民活動をリポートして、こう書いている。「闘う以上、もちろん勝たねばならない。しかし勝ち負けだけが運動の唯一の目標ではない。負けてもなおかつ立ち上るかどうか、この点が重要だ。七転び八起き、この不連続の連続の闘いが人々をハッとさせ、仲間をふやし、輪が拡がり、根性が磨かれ、苦闘の彼方に曙光を確信することができる。これが市民運動というものではないだろうか？　ボトル・ビルの運動も例外ではない」。

いま、各地で進みつつあるリサイクルも、何時までも二方一両損に甘んじていては進歩はない。一太刀へ向ってこそ歩を進めるべきであろう。そして、乾電池問題こそがその絶好のチャンスとして目の前にある。

うわべの対策が矛盾を深める

近代社会にとって、進歩とは「無機化」と同義であった。自然を超え、自然にないものを造物する道を突走ってきた。そして、自然を厄介視し無視してきた社会が、その排泄物の最終処分を自然に頼らなければならないという現実に慌てているのが現代の風景であろう。造ることにおいては神に近づいた人間が、棄てることにおいては土に埋めるか、海に投げるしかないというのは、何という不具であろう。

たかがゴミくらい簡単に処理できると思って来たのだと思う。処理できないものは余りにも多く、しかも処理した後も矢張り自然界に委せることしかないと知ったとき、近代文明はどうしようもない結末になる。原発は、その廃棄物、乃至《ないし》廃用になったあとの炉そのものの始末が半永久的に不可能である故に、造ってはならないものであった。

廃棄物処理の最大で逃れることのできない課題は、最終処分の難しさにある。死をどう考え死にどう対処するかが、生存するものの最高の哲学的課題であったように、最終局面を予測し、進行過程を洗い直すことが社会の文明的課題であろう。ゴミこそがその公案として最も分り易いものとなる。

話を目の前のことに戻そう。私が取り組んでいる問題にフェニックス計画というのがある。すでに大都市圏の内陸部には廃棄物最終処分場が涸渇したとして、首都圏は東京湾に、近畿圏は大阪湾に巨大なゴミの島を造ろうという計画である。これをフェニックスという美称で呼んだのは発案者のマスターベーションであるが、事実は、スクラップになる部局の官僚延命策であり、埋立事業づくりに躍起になっている土建資本が推進役である。しかもこのゴミの島に持ちこまれるものの半分は建設残土になっている。つまり、陸上で盛んに土建事業をやり、その残土の捨て場を造ってやる訳であるから、官僚と土建資本にとっては「不死鳥」であるに違いない。

すでに腐水域と分析され、瀕死の状態にある東京湾、大阪湾に新規埋立事業を起こすには、ゴミを名目とすることが手っ取り早かった。もう埋めたくはないのだが、皆が出すゴミを処分する上では止むを得ないといえば、革新も黙る大義となるのである。

捨て場を造ることは一時の一安心でしかない。最終局面からプロセスを見直すことはますます遠のく。一時の危機を逃げるために、より大きな矛盾をつくり出すあやまりが従来の都市問題を一層解決し難いものにしてきたのである。危機の本質に迫らず、うわべの対策に終わってはならないと指摘し、それを明らかに迫っているのは専ら住民側であった。

フェニックス計画を中止させようとすることは、海を埋めるよりは内陸部に捨てた方がいいと奨めていることではない。いま、多摩や秩父の奥に廃棄物処分場計画が殺到している状況がある。いま狙われているのはいわば山紫水明の地であり、下流大都市の水源の地でもある。その各地で地元の人たちが懸命の反対運動をやっているが、すでにかなり荒らされている上でのことであるから、いずれも権力に押されて極めて苦しい。

苦しい運動を続けているが、そこに処分されるゴミは、一つとしてその人たちの出したものではない。遠い下流の住民や産業からのもの、つまり、大都市生活享楽の果てのものである。

だとすれば、山か海かの二者択一の論議にとらわれていては駄目である。ゴミを出す圧倒的な多数と、ゴミを押しつけられる圧倒的な少数と、その多数が現地の闘いを知ろうとせず、たとえ知っても毛一筋の身を切ることも拒否しつつ、住む地をズタズタにされる少数と乖離してゆく。時にはそれが過疎対策などとうそぶく。新しい〝階級〟問題であろうか。

ゴミに直面して、何らかの形で心やさしく身を切っている人々を連載してきた。「町に知恵あり」と題されたが、本来は「知恵」どころの沙汰でなく、また「知恵」に止ってはならないのである。

ゴミ問題を考えよう！

容器のゴミ化を防ぐグリーンシステムの意義

生活クラブが始めている〝びん〟の回収―再使用の手法はグリーン（ＧＲＥＥＮ）システムと呼ばれるが、そのＧはギャベージ（ごみ）の、Ｒはリデュース（減量）の、頭文字をとったものである。ごみの処分が行き詰まってリサイクルの必要が叫ばれるが、リサイクルよりリデュースの方が基本的に大事であり、ごみの資源化に汗を流すより、資源のごみ化を防ぐことの方を選択すべきである。その方向で、容器の「再利用」より「再使用」が大事だということを区別して考える必要がある。グリーンシステムはその点で貴重な試みに向かっていると言っていい。

家庭ごみの中で最も多いのは容器、包装の類で、容積でみれば全体の七〇％にも達する。従ってごみ対策としては、この容器、包装を何とかすること、それを少なくしたり、ごみ化せずに再使用、再利用の道を拓くことが第一の課題となる。これらは、手段を講じれば、ほとんど全てが資源化出来るものであるから、ごみとして焼却あるいは埋立てするのは愚かな仕業である。

様々な材質の容器の中で、唯一再使用の可能なものは〝びん〟であり、他の紙製、金属製のものは一定条件のもとに集めればもう一度資源として再利用できるが、絶対にもとの容器には戻らない。つまり基本的に「使い捨て容器」なのである。従って、びんのそういう特徴を生かして再使用―リターナブル（生きびん）として使うことに心がけることが大事になる。生きびんとして再使用されるのは、ビールびんのように生産者の営業政策のなかで実現しているものや、一升びんのようにそれを扱うびん商や還流ルートが整っている場合に成り立つ（一升びんの存在は日本独特のリサイクルシステムであった）。

近頃、かんや紙製、さらには資源化困難なプラスチック製の使い捨て容器が氾濫し、びんさえもワンウェイ化して、リターナブルのびん（生きびん）は急速に減ってきたし、消費者も容器のごみ化を当たり前に思うようになり、びん商も危機に喘いできた。そういう時流に異議を唱え、また生協も事業者だという責任を果たすために、生活クラブがびんの再使用に踏み出したことは大きな意義がある。

しかし、このシステムを維持するには、組合―組合員、生産者、そしてびん商の三者の協力と負担の分け合いが根底になければならず、それには相当の努力が必要になる。

沼津方式の求めるもの

びんが材質的に再使用可能だとしても、再使用のシステムがないと〝雑〟びんと呼ばれる使い捨てのものになってしまう。業者サイドで引き取られるものとか、回収業者がいて引き取ってもらえるものはごみにならず、いわゆる集団回収などの道が拓けるが、そうでないものも沢山あり、通常のごみ処理体制のなかでこれらはごみとして焼却や埋立にまわされていた。沼津は、このごみ処理の仕方は間違いであり、びんやかんなどの資源化できるものは絶対にごみではないし、ごみとして処分すべきでない、という原則に立っている。よく沼津方式をリサイクルのモデルなどと言われることがあるが、沼津方式はあくまでごみ処理としてやっているので、リサイクルとか資源化を目標にしているのではない。その原則を実行するためにごみを出すときにひとりひとりが「分別」することが沼津の特徴である（このごろ分別収集が流行だが沼津では分別排出が基本である）。分別など面倒で汚いことを市民にやらせる、行政サービスに反するとか言われるが、ごみは分別しなければ処理できないことを市民に理解してもらい、また真の行政サービスとは何かを市民に説明して、一九七五年からこの方式を続けている。

この沼津方式を作り上げたのが〝ごみ屋〟と呼ばれて蔑視され勝ちであったごみ労働者の頑張りであり、ごみ労働に対する労働者と市民の力の分け合いであることが沼津で出来た秘密だと思う。

再利用か再使用か

びん容器は業者の手でなるべく再使用の道をとるべきである。しかし、それには幾つかの条件が必要になる。第一、びんの規格の統一が前提になる。また回収の方法やそれを集め還流するシステムとそのコスト負担をどうするかが問題である（還流のために特定のケースも要る）。それが整わない場合（雑びん）でも、屑にして再び製びんの材料になり得るから再利用できる訳である。但しこの場合、びんの色分けが必要である（沼津では、白、茶、青、黒の四色に分けている）。生きびんとして再使用するか、屑（カレットと呼ぶ）として再利用するか、どちらにするかは地域の状況や回収業者の存在、それらのコストなどを検討することになろう。

プラスチックは極めて資源化困難であるが、紙も金属も容器のすべてが手法さえ整えば資源化可能である。グリーンシステムに乗らないものもあるし、それらをいたずらにごみ化していい訳ではなく、生きびん以外のものも資源化する手法が行政的にとられなければならない。

一方、沼津方式では、生きびんの取り扱いはむしろ不便であり、カレットとして生かした方が効率的ということになる。グリーンシステム―生きびんシステムと沼津方式的ごみ処理の組み合わせのなかで考えることは多いと思う。

解題　容器包装リサイクル法改正運動の原点

加藤　好一（生活クラブ生協連合会専務理事）

生活クラブ連合会の河野栄次会長は、生活クラブ運動をこう整理している。一つは、生活に必要な材を創る運動（消費材）。二つは、生活に必要な社会的機能・制度を創る運動（ワーカーズ・コレクティブ、政治的代理人などの運動）。三つは、人間の関係性に基づいて自己表現する運動。生活クラブ運動がこのように多重多層に展開するようになるのは八〇年代以降であるが、この契機をなしたのが石けん運動と、「ゴミとリサイクル」の問題であった。この当時、いわゆる「沼津方式」の衝撃はすさまじかった。当時私も何度も見学その他で沼津市を訪れた思い出がある。この衝撃が生活クラブ運動を、日常の共同購入を基幹としつつも、河野会長が言う二つ目、三つ目の運動に導いていく主要な誘因となったことは間違いない。井手敏彦という先達は、生活クラブ・静岡の設立にとどまることなく、このように生活クラブ運動全般に対して直接・間接に尽力された。この貢献を私たちは忘れてはならない。

パンフレット「ゴミ問題を考えよう！」（生活クラブ静岡機関紙掲載）で、井手さんは生活クラブのグリーンシステムについて論評されている。生活クラブでは、取り扱っている材は可能な限り容器をリユースびんとする仕組みを採用してきた。井手さんのこの文章はその初期に書かれたものだ。この仕組みの導入をめぐっては、実は内部でも様々な議論があった。「分別」という面倒な仕事を組合員にやらせるのか、その結果、生協職員の労働も増えるという論だ。

しかし、井手さんが言うような形でその意義を評価し、導入を決断した。ちなみに生活クラブは、二〇〇四年度、全体で六三四万八〇三二本のびんを供給したが、このうちの七六・六％を回収して「再使用」した。今日ではこの仕組みは、生活クラブの共同購入を象徴する事柄のひとつとして内外から評価されている。問題はこれが生活クラブだけの仕組みにとどまらず、社会化、一般化することができるかどうかだ。以後、私たちにとって、それにむけた社会化、そして制度改革が一大課題として浮上することになる。その問題意識が、今日の容器包装リサイクル法改正の課題にまっすぐに連なっている。

この法律はなにが問題なのか？　井手さんが「沼津方式」の定着で苦労されていた当時と異なり、今日環境への配慮は一般的にも格段にすすんできている。しかし、それはどこか中途半端であり、グリーンシステム的実践をしている私たちからすると、問題だらけと言わざるを得ない。その中途半端さの象徴がまさにこの容器包装リサイクル法なのだ。

この法律が制定されたのは一九九五年だが、以後ゴミ問題は改善に向かったといえるだろうか？　その答えは「ＮＯ」だ。まず確認すべきこととしてゴミは減ってないという事実がある。しかもリサイクル率こそ増加したがリターナブル（再使用）容器は減少の一途を辿っている。ビールの容器ですらびんは大幅に減少し、缶にシフトした。ここ数年で最も増えた容器はペットボトルだが、ビールですらペット化への動きが浮上し、心ある市民の反対の声で企業のこの動きが休止されたことはまだ記憶に新しい。

こうした動きを抑制させるには、市民に面倒を云々するレベルではなく、そういう容器を使用する事業者の負担や責任も明確にすること、すなわち「拡大生産者責任」の理念とその制度化が不可欠なのだ。容器包装リサイクル法改正ではまさにこの点が焦点となる。

その際の基本的な哲学は、いわゆる「三R」の優先順位を明確にすることだ。リサイクル（再利用）すればいいではなく、それよりはリユース（再使用）。さらにはリデュース（発生抑制）。これが徹底しないと、ゴミを減らそうという社会的な動きにならない。グリーンシステムのような仕組みでリユースする生活をしているような人びとには、不公平を強いるだけでその行為が報われないのがいまの法制度なのだ。

そのような意味において、容器包装リサイクル法改正の取り組みは、「沼津方式」の地平を乗り越えていく運動でもある。確かにその実現はなかなかに困難性が高いのも事実だ。しかし井手さんの叱咤激励を背中に感じながら、直実に一歩ずつ前進していきたい。

2

公害反対と様々な環境保全運動

解題　暗闇の中の星

宇井　純（前沖縄大学教授）

戦後の公害の歴史を今ふりかえってみて、一番暗く行詰まっていた感じがしたのは、一九六〇年代前半であった。すでに水俣病やイタイイタイ病は多くの人命を奪っていたにもかかわらず、その因果関係はもみ消され、被害者の運動も完全におしつぶされ、政治的には六〇年安保の敗北のあと、池田内閣が打ち出した所得倍増計画に従って、与党も野党も雪崩を打って高度経済成長に流れ込んでゆく、その中で少数派に被害が集中する公害などに目を向ける者はほとんど居なかった。水俣病を調べ始めていた私は、戦前はどうなっていたのだろうと調べを過去へ延ばしていき、足尾鉱毒事件のあとにその教訓が生かされ、大正、昭和初期にかなりの対策が取られていたことを知った。その経過からすると、戦後日本社会の公害への取り組みは、戦争を挟んでむしろ退歩といってもよいようなものだった。

しかし小さな技術者集団がこの問題に取り組んでいた。それは物理学者の武谷三男、科学史家の星野芳郎をとりまくサークル、現代技術史研究会の中の、せいぜい一〇人に満たない災害分科会のグループで、合化労連書記の近藤完一、アグネ社の編集者高橋昇、日本揮発油の飯島孝、伸子夫妻、川崎工高定時制の増賀光一といった人々が、各地の公害の実例を調べては持ち寄り、議論をしていた。その中から工場の生産工程のどこから廃棄物が出るかを追いかけてゆくネガティブフローシートを発展させたのが飯島孝であり、伸子夫人は大学へ入り直して社会学を公害の現場にあてはめるという前人未踏の仕事にかかる。

そこへ降ってわいたのが、六〇年からの所得倍増計画を具体化する新産業都市計画と、そこから洩れた地域の工業整備特別区域の指定である。全国の自治体がその誘致に狂奔する中で、三島・沼津地区が公害を心配して指定を断ったという。一体三島・沼津では何が起こったのか、何人かが早速現地を訪れて聞き取りをすると、工業高校の先生たちが大きな仕事をして、公害反対で市民の意見がまとまり、環境を守りきったという話しに、大いに力づけられたものである。それまでの公害被害者の運動は、すべて切りくずされ、敗北して来たのを見てきた私たちにとっては、戦後はじめて勝てた運動から学ぶべきことがたくさんあると考えたのであった。

その判断は正しかった。公害が起こるかどうかは、地域住民の行動によってたしかめられた。その調査内容は、中央政府や静岡県の、計画を進めるための調査に比べて、手法は簡単であるが内容は高いものだということがわかった。同時に、他の公害事件と同じように、ここでも革新政党、特に社会党の動きには苦労したというのも一つの教訓であった。

ともあれ三島沼津コンビナート反対運動の成功が一つの転機となって、被害者の運動もやり方によっては勝てるというのが、その直後の新潟水俣病以降の被害者に大きな励みになったし、ちょうど東大助手になったばかりの私は、法学部に作られた公害研究会の中に引き込まれたが、三島沼津の運動の成功が、政府に公害対策基本法を作らせることになり、その基礎作業をここで行なうのだとあとで知った。三島沼津は日本国の公害対策まで変えたのである。

この背後に居て、その後市長の時にゴミ分別の沼津方式を進めた井手さんが、清掃現場の労働者と市民が協力できたので沼津方式が成立したと語ったのを聞いて、工場現場で働いた体験のある私は、この人はさすが並の市長ではないなと感じた。その後全国自然保護連合の理事長としていろいろお世話になる機会があったのだが、私の方も沖縄でつぶれそうな大学とモグラタタキのような亜熱帯の環境問題に追われて、仕事についてお手伝いしながらゆっくり教えていただきたいことを山ほどかかえていながら先へ進まなかった。特に自治体における自前の環境を守る技術という点においては、こちらももっと勉強して問題を整理して置かなくてはならず、今からでも追いかけねばと思うほど大きな問題だったが、ついに手を付けることができず、おそらく今日でも税金の浪費が続いているのだろうと思う。ふりかえってみると、仕事の場所が少々かけちがっていて、もしこの人の下で働くことができたら、ずいぶん仕事ができたのではないかと、一人の技術者として思うものである。

石油化学コンビナート反対運動

コンビナート計画の概要

一九六三年に「新産業都市建設法」ができると、全国各地域が新産業都市の指定獲得に狂奔するという事態を引き起こした。そのなかで東駿河湾地区は、すでにある程度の工業集積があるということで、新産業都市より一ランク下の「工業整備特別地域（略して「工特」）に指定された（このときの指定は、新産業都市が一五地区、工特が六地区で、いかに大ブームであったか、また大盤振舞いが行われたかを示している）。六三年七月、「工特」の指定を受けると同時に、静岡県は石油化学コンビナートの沼津市、三島市、清水町への進出計画を発表。出先機関として振興事務所を作ってその受け入れを迫った。

この地域がコンビナート立地の好条件とされたのは、駿河湾の水深が深く、巨大タンカーが湾最奥部の沼津海岸に容易に接岸して輸入原油を揚陸できるということと、富士山地下水が日量一二〇万トンもの水量で自然湧出している柿田川の存在であった。

石油化学コンビナートといえば、地域開発の目玉として各地が誘致に血まなこになっていたものであり、静岡県としてはその誘致が実を結んだことに得意であったのだろう。地元では当然に大歓迎されることを露疑わず、輝かしい未来が約束されると大宣伝し、態度も高圧的であった。思いもかけなかった住民の反対運動に遭っても、わからずやの動きくらいにしか認識しなかった。反対運動に抗しきれなくなって計画を断念するに至ったとき、県は住民への対応を誤ったことを反省すると述べ、後になって県知事は、あれは住民のほうが正しかったと述懐した。

その石油化学コンビナートは次の三社で構成するものであった。

○富士石油……中東原油を沼津海岸に揚陸、日量一五万バレルの石油精製工場を三島市に建設。

○住友・ノーガタック（住友化学とノーガタック社の合弁）……富士石油からナフサの提供を受け、エチレン一〇万トン規模、ABSなど一六品目の化学製品を製造する工場を清水町に建設。

○東京電力……富士石油より電力用重油を受け、一四〇万キロワットの火力発電所を沼津の牛臥海岸に建設。

これらの各社は、沼津地区への進出を断念した後、千葉県市原、五井地区に立地した。

〝大変さ〟をつかむ

石油化学コンビナートを構成する各社の立地が二市一町にわたるため、それぞれの住民の闘いの目標もそれぞれであったが、沼津市民が相手としたのは東電火力であり、とくにそこから出る大気汚染に対して、烈《はげ》しく燃えた。水深の深い駿河湾は、巨大化するタンカーの接岸基地を求める石油会社か

石油コンビナート第2次計画案

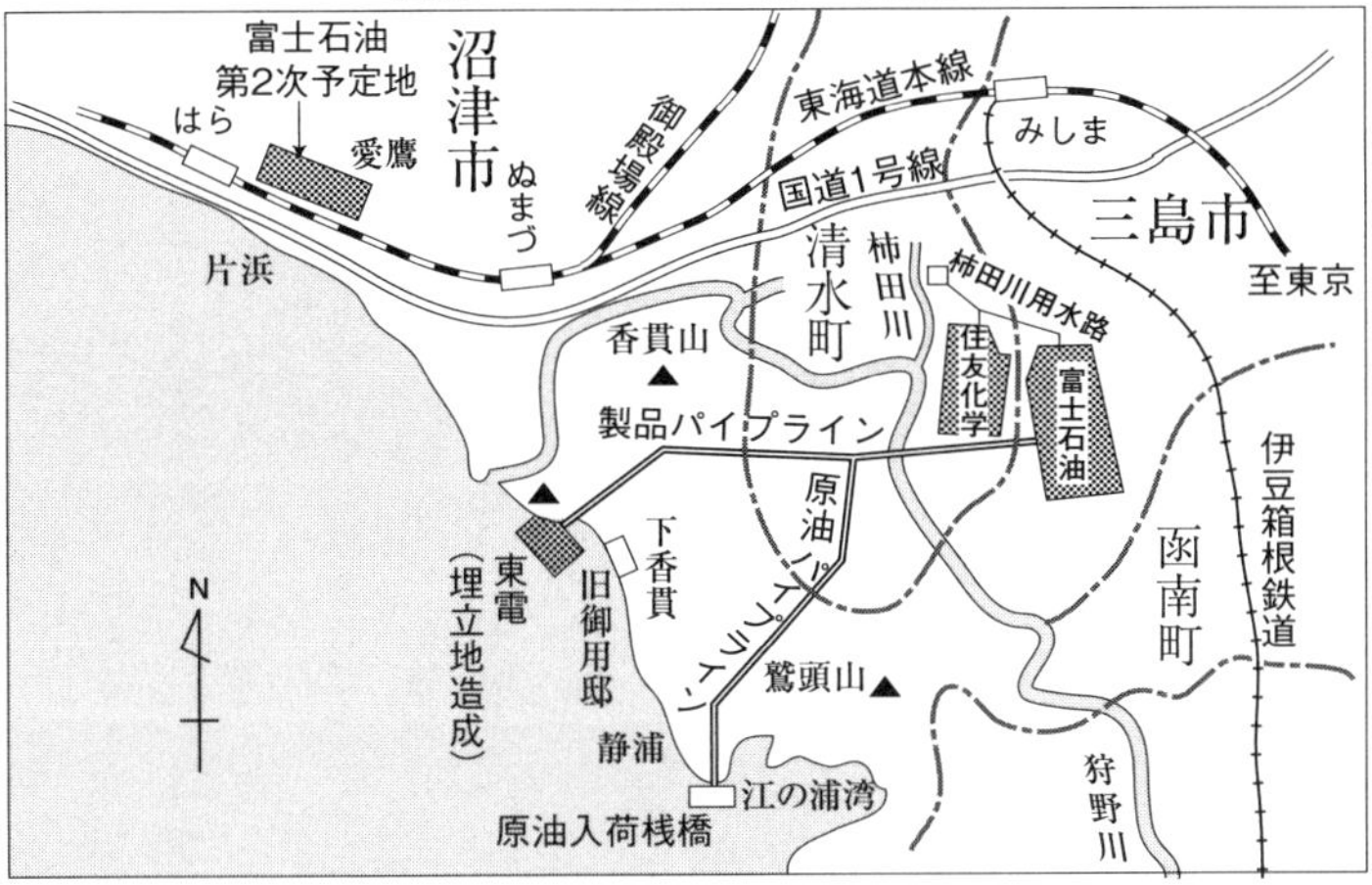

ら常に狙《ねら》われており、コンビナート計画以前にも沼津に石油基地を造ろうとする企ては二回あったが、二度とも漁師の強い反対にあって潰れていた。こんどのコンビナート計画に対しても漁師の立ち上がりはいちだんと早く、かつ戦闘的な行動で運動をリードした。

　また立地地点が沼津でもっとも好条件に恵まれた海水浴場として市民が遊ぶ海岸であり、御用邸の目の前という景勝の地であったことも、市民にとっては許しがたいことであった。しかし、広範囲な住民運動として広がり牢固《ろうこ》とした結束をみせたのは、大気汚染に対する心配からであった。水と空気のきれいなことを誇り、大気汚染などまったく無縁なこととしてきた市民にとって、自分たちの空気が汚されるというのは放っておけない〝大変〟な問題であった。

　私も大気汚染の知識など何もなかったが、たまたま石油会社の友人から電力用重油、なかでも重質の中東原油からとる電力用重油の質の悪さ、それを燃焼したときの亜硫酸ガスの恐ろしさの話を聞き、重油の硫黄分、一四〇万キロワットを出力する場合の重油の量、そこから発生すると予想される亜硫酸ガスの量などを試算してみて、その想像もできないような膨大な数字に唖然《あぜん》とした。これは大変だと、ただちにその内容をガリ版刷りのビラにして発電所立地付近の住民に配った。壮大な住民運動の口火であった。

ちょうどそのころ、亜硫酸ガスによって恐ろしい被害を受けている四日市のことが、テレビや新聞に報道されはじめていた。人びとは何をおいてもという勢いで四日市に車を走らせ、被害の状況を写真に撮り、病に苦しむ患者の声をテープに録音して近所の人に伝えた。聞いたなかからまた四日市に飛ぶ人が現われ、さらに多くの人にそれを伝えた。誰が指示したのでもなく、計画的に動員したのでもなく、いったい何人の人があのとき四日市に飛んだであろうか。

高速道路もない時代、オンボロ車で夜を徹して行き、夜を徹して帰り、ただちに仕事に出るという強行軍が、いたたまれないという思いのなかで当然のように続いた。公害勉強会、公害研究会という名の集会が繰り返され、やがてそれが反対集会、反対同盟となり、一町内から他町内へ、町内から地域へ、さらに他地域をも巻き込んで、またたく間に壮大な住民運動の形を成していった。すべては自主的な行動の展開であり、思い思いの運動の形がとられた。医師や高校教師が集会のチューター（個人教師）として活躍してくれたことが住民に自信を与えたし、映像（スライド）と録音（テープ）という情報の伝達方法が住民運動の二大武器となることも如実に示された（とくにスライドは欠かせないものであった。それも説明をシンクロしたものはだめで、その場の会場の空気に合わせて、説明者が自由に自分の声でしゃべるものでなければならない）。この初期の反応の早さと運動の精力的展開がこの運動の大きな特徴であり、それが勝利の原動力であった。

なぜ、そのような反応と行動がとれたのか。スケジュール闘争や情報ビラの多寡《たか》ではない住民運動のエネルギーと、お互いの信頼関係がそこにクローズアップされてくる。当時公害問題のチューターとして活躍し、その後も各地の公害事件で住民側に立って活動している西岡昭夫君が、一九八四年コンビナート闘争二十周年記念集会で、次のように語った。

「現地へ行って目で見、鼻でかぎ、手で触ってきた本当の情報が運動の基本にあったから、それを自分の情報として生かし、力に変えることができた。今後も生きてゆくうえで、研ぎすまされた本能と人間愛に満ちた愛情があれば、正しい生き方を見つけ出す大事な力となり得ると思う」

研ぎすまされた本能といい愛情といい、いかにも動物臭いと思われるかもしれない。人間がまぎれもなく生物でありながら、生物であることを恥じ、生物的生き方から離れすぎてしまったのではないだろうか。生命系を脅かす危険がいっぱいありながら、サア大変と思わず、立ち上がろうとしない世の中を見ていると、改めて生物としての生き方の大事さに思いを致すべきだと思う。本能を失い本能を研ごうとしない人間はけだし弱い。

公害意識

私たちの公害反対は、現に公害による被害を受けての闘いでなく、進出企業の操業によって出るであろう汚染を予測し、それを未然に防ごうとする闘いであった。したがって、企業の生産物の質と量、そのフローシート（流れ図）を克明に分析して、予想される公害を見定めるという、いわば理論的究明から出発しなければならなかった。しかし、一九六三年の当時は未だ「公害」という法概念は定まっておらず、ほとんどの公害事件は不法行為として処理されていたし、公害を取り締まる法も官庁部局もなかった。厚生省にも公害の担当はなく、通産省や自治体の産業部や商工課に産業指導の役目からする公害対策があるだけであった。

したがって、私たちは、「公害とは何か」から勉強を始めなければならなかった。理論的な勉強もさることながら、実際に公害を受けている状況と、それがどう処理されているかを調べることが重要であった。県が「近代的設備の工場だから、毫《ごう》も公害の恐れはない」と宣伝していることがウソであることを各地の実態調査によって明らかにする必要があった。

多くの、いわゆる公害先進地を調査して痛感した第一のことは、事実上、公害があっても、それを告発し問題化すること、そして公害の事実を裏づけることが、実際にいかに難しいかということであった。企業や行政のなかから真実を引き出すことは期待しなかったとしても、被害を受けていると思われる住民のなかに入っても公害の実情を確かめることは容易ではなかった。地域での大きな存在である企業は容易に行政や地域ボスにわたりをつける。被害を受けていても、自分や家族、隣人がその企業に勤めていれば公害を告発することがはばかられる。地元の運動会などの行事に対して企業がなにがしかの寄付をするという日常的な付きあいも免罪の常套《じょうとう》手段であった。

そういう〝平穏〟な社会状況のなかで、公害を言い立てることは、異端、不穏分子と呼ばれることを跳ねかえす態《てい》の勇気のいる行動であった。明らかに大気や水の汚染があり、それによる被害が出ていても、それを問題化することが困難であり、問題化しないかぎり公害問題の記録は存在しないことになる。実に公害問題の第一は公害意識をもつことであった。

第二に痛切に知ったことは、被害があり公害意識をもって告発しても、その被害が企業の排出する物質によるという因果関係を特定することがきわめて困難だという事実である。公害が農作物や漁業に大きな損害を与えたときは、補償が少額ながら支払われるケースは相当数あったが、人の健康に加えられた被害は常にウヤムヤにされていた。ましてや、公害を理由に、企業が操業を縮小したり停止したりすることは絶無であった。補償が支払われる場合には、以後いっさい文句はいわないという一札が必ず書き入れられ、労働組合も住民との対立のなかでは企業側についた。

四日市で、人命にかかわるほどの公害状況にありながら、公害除去技術が進歩して汚染物質の排出濃度が薄くなるとの理由で、各社がさらに設備拡張と増産に走っている現状を見て、私たちは怒りを禁じ得なかった。公害規制の法律も行政も確立していない当時に、行政に救済を期待するのは空しいことを如実に知った。

これらの実態調査のなかで私たちが学んだことは、「造られたらおしまいだ」という単純な事実であり、だからこそ、事前の闘いがいかに難しかろうとも、事後の悲惨さを思って公害企業の立地を全力で阻止するしかないという決意を固めたのである。公害発生が問題化したときの企業と行政の対応は、おおむね次の経過をたどる。まず、

(1)　全面否定に始まり

(2)　事実をごまかせなくなると、汚染の程度は軽微であると弁解し

(3)　最後には、汚染との因果関係は特定し難いと逃げる（あるいは居直る）

こういうパターンは、足尾鉱毒事件*以来の日本の近代的公害史に繰り返されてきたし、一応の公害対策法や公害患者補償法*（この内容は最近いちじるしく後退した）がある今日でも本質的に変わっていないと思う。水俣病三十年の歴史が痛切にそれを実証していよう。「近代的一流設備の工場だから、四日市のような公害は考えられない」とする企業の説明に対して、私たちは「それならまず四日市を完全に改善してから来い」と応じた。

＊〈足尾鉱毒事件〉古河財閥経営の足尾銅山の公害問題。日本の近代公害史の最初の事件。田中正造の反公害の闘いで知られている。

＊〈公害患者補償法〉「公害健康被害の補償等に関する法律」（一九七三年制定）。大気汚染や水俣病、イタイイタイ病などの患者に対し、汚染者負担による医療費等の補償を定めた法律。公害に因るかどうかの認定で大問題になる。さらに八八年の改正で大気汚染についての区域指定が全部解除になり、事実上、新たな患者が放置されることになった。

基準値の考え方

公害との取り組みのなかで、もっとも苦労したことのひとつが「基準値」とか「最大許容量」とか呼ばれるものにどう対応するかであった。

コンビナート進出計画の初めのころは、「近代的な無公害工場」のイメージで住民を圧倒しようとしたものの、その空疎さが通用しなくなってからは、「汚染は何ＰＰＭ以下だから心配はない」という〝科学的〟説得に変わり、私たちはＰＰＭという怪物にどう取り組むかに懸命になった。大気や水に汚染物質を排出するときの基準が設定され、それを超えるものが公害であるとされ、その数値がＰＰＭで表示される場合が多いが、初めはＰＰＭとは何かさえ理解できなかった。パー・ミリオン＝一〇〇万分＝という、やっとパー・セントのなかで送っている日常生活とはまったくかけ離れた極小の数値を実感することはなかなか難しいことであった。

やがて、私たちの最大の焦点とした亜硫酸ガスの排出濃度に関する許容量が、たとえばアメリカとソ連では差があること、しかもその価を定めるにあたっての考え方に大きなちがいがあることを知り、その基準値を誰がどういう根拠で定めているかが問題であることが分かってきた。さまざまな基準値とその背景を調べるなかで、それらが決して科学的・医学的な実証に基づいて定められるものでなく、結局は社会・経済状況を考慮して〝政治的〟に定められるものであることを知った。科学的・医学的な根拠が十分にあるとしても、その安全性が幼児や病弱な人の健康まで考慮するかどうかで差があった。

ＰＰＭに脅かされたものの、それが絶対的なものでなく、社会生活の妥協のうえに設定されていること、つまり、公害紛争に際して法的あるいは行政的に判断する場合の目安であり、その数値以下であっても健康障害に対するなんの保証にもならないことを知って、私たちの基準値に対する方針は確固たるものとなった。

たび重なる学習を通して、すべての人が（老婆さえもが）ＰＰＭを平気で口にし、それを冗談に使うほどに慣れてきたが、同時に、反公害闘争がＰＰＭ闘争に巻き込まれることを大いに警戒した。

通産省が、私たちの運動を一挙に粉砕する意図をもって一流学者を並べた〝公害事前調査団〟を編成し、その調査報告のなかで「この程度の亜硫酸ガス濃度は排出基準以下であるから、公害の心配はない」といってきたとき、私たちは「公害であるかどうかは、そこに住む私たちが定めることであって、あなた方が定めることではない」といいきった。国で定める基準値が単なる目安であるにすぎない以上、どの程度の排出濃度で納得するかは私たちの独自の判断であるべきであることを強く主張し、いまは〇《ゼロ》である大気汚染が、たとえ何PPMでも汚れることは、すなわち私たちにとっては公害であり、私たちは〇《ゼロ》を要求するのだという気持ちであった。そういう気持ちや態度は、工業社会では無理な要求であるかもしれないし、現代の社会的雰囲気からみれば〝ぜいたく〟であるともいわれよう。だが、基準値をそういうものとしてとらえ、そういう要求を続けなければ、基準値は常に汚染を許す指標としてしか作用しなくなるであろう。そして、技術的に基準値以下にすることが可能な場合でも、基準値までは安心して排出するにちがいない。さらに、基準値が社会状況を反映するものであるかぎり、数値そのものも常に変化することを忘れてはならないと思う。

チェルノブイリの原発事故のあと、日本でも放射性物質、なかでもセシウム*が大きな問題になっている。セシウムに対する国の基準は、三七〇ベクレルという相当にゆるやかな数値を採用している。これに対して、生活クラブ生活協同組合はその一〇分の一の三七ベクレルを暫定的ながら独自の基準として消費財を測定している。セシウムの基準値は世界の多くが三七〇ベクレルを採用しているが、タイは実に八ベクレルであり、逆に汚染が広範になったヨーロッパでは、三七〇ベクレルさえ維持できなくなって七〇〇ベクレルとか一〇〇〇ベクレルを基準にしなければならなくなっているという。

＊〈セシウム〉国の基準値はセシウム一三四と一三七の合計値。チェルノブイリ原発事故による放射能汚染では、特に半減期＝壊れて半分の量になるのに三十年もかかるセシウム一三七が問題となった。

ゴミ焼却場から排出される有害ガスのなかでもっとも大きな関心が払われているのがプラスチック類の焼却によって発生する塩化水素（ＨＣＬ）＊であるが、この排出濃度基準は四三〇ＰＰＭになっている。この数値は、焼却炉がまだ十分な設計では造られていなかった時代に設定されたもので、まさに遺物的数値であるが、いまだに修正されず、多くの焼却場ではこの基準値をクリアすればいいとして、投入薬品量や装置の稼動を操作している悪例が事実としてある。その一方で、公害を懸念する住民との間で近ごろ協定されている数値は、ほとんどの場合五〇ＰＰＭ以下であり、なかには一五ないし二五ＰＰＭが協定されている。基準値を所与のものと鵜呑《うの》みにせず、汚染をどこまで許せるか、どこで我慢するかの独自の判断によって定めるべきであることを、住民側は確信をもって交渉すべきである。

＊〈塩化水素（ＨＣＬ）〉天然では火山ガス中に含まれる。工業的には過剰の水素を塩素中で燃焼させて作る。湿った空気中では発煙する。

運動のスタイル

石油化学コンビナート反対の住民運動は二市一町にまたがるものであり、二市一町住民連絡会を構成してお互いに激励し応援しあったが、進出予定の企業の内容も異なり、各地の政治、経済、社会の状況も違うので、運動の重点や進め方については戦略戦術を異にし、相互にその点の干渉は厳に戒めた。一つの地域の闘いが決着した後も必ず他の地域の応援に駆けつけるという同志的連帯は、すべての最終決着がつくまで変わることはなかったが、それぞれの地域の運動の独自性はあくまでも尊重した。

各地域での運動も、各団体、各個人とさまざまに展開された。

沼津の場合でもまことに多様であった。相手の胸ぐらをつかんで大声をあげる戦闘的な漁師もいれば、うちわ太鼓を叩いて怨敵《おんてき》退散を念じる老婆もいた。その老婆たちのこもる念仏堂を黙々と警護するなど、赤旗一本立てずに裏方の仕事に徹した若い労働組合員、デモに際しては自然に医療班を編成していた医師たち、郷土誌研究としてふるさとを守る意義を貴重な資料にまとめた高校生たち、態度をあいまいにしている市議会議員宅に押しかけたり、動員に出る家の田の草取りを手伝ったりした町の人たちがいた。

なかでも、五月の鯉のぼりを全生徒に立てさせて風の向きや強さを克明に記録させ、ガスの拡散に決定的な影響をもたらす微気象のデータを作製した西岡君のアイデアは抜群のものであった。おのがじし、自分がこれと思ったことを、誰の指示に頼るのでなく、大きな情熱を傾けて、しかもきわめて自然にかつ明るくやった。それらの勝手な行動がすべて絡みあって壮大な住民の動きを形成していき、強大な相手に向かっての必死の闘いの一つひとつが珠玉の輝きをもっていた。

運動の事務局は、それらの思い思いの行動を統制したり指導する愚はしなかったし、また、とうていできることではなかった。もとより、大勢の動きであればなかに行き過ぎや間違いもなくはなかったが、目標に向かっての大きなうねりのなかでは些細《ささい》なことであり、それによってお互いの理解と信頼が損なわれることはなかった。

逆に応援の演説だけで、真に住民のなかに飛び込んでこない連中のウソを見抜く鋭さも確かであった。住民（大衆）の前にポーズは通用しないのである。

そうした運動論を誰もが持ちあわせていたのではない。ふるさとと子どもを守るためになんとしても勝たなければならない闘いであり、そのために何か自分にできることをしたいという〝素人〟の運動であった。小賢しい議論の前に行動があった。印刷物を作るよりは小集会を重ね、ポスターを貼るよりは相手との交渉に時間を割くという行動であった。あらかじめ闘いの構図を描くのでなく、行動を通して構図が描かれ、また刻々に変化していく。こういう運動の冷静な総括は難しい。全体としては石油化学コンビナート闘争という住民運動であると同時に、一人ひとりのかけがえのない自分史でもある。おそらく運動にかかわったすべての人が「アレはオレがやったんだ」「私がやったことが勝利に結びついた」と誇るであろう。

後に「沼津方式」というゴミ処理の一つのスタイルが形成されていく過程のなかで、私は同じような感動を受けた。これはプロパーな住民運動ではないが、初めからシステマティックな理論や構図があったわけでなく、清掃労働者のがむしゃらな行動を通して住民の共感を得つつ、やがてゴミ処理の本道につながる見事な展開をしていったことは、住民運動の特徴と相通じるものといっていいと思う。

闘いのあとに

豊かさへの疑問

石油化学コンビナート阻止の闘いに勝った後、多くの反公害の集会などに招かれて勝利の報告をしたが、そのなかのある全国的な会合で「コンビナートを断るなんて、沼津はそんなに裕福なのか」といわれたことがあり、その発言が大企業労組の幹部のものであっただけに、いまでも苦い思い出として残っている。沼津は太平洋ベルト地帯にあり、たしかに経済成長に取り残された地域からみれば、はるかに恵まれたところである。決して裕福などといわれるほどのものではない田舎だが、それなりの地場の営みのなかで平和に暮らしている。より裕福になることは誰しも望むところではあったが、その裕福が、ふるさとを奪われふるさとを犠牲にしてもたらされることが我慢できなかったのである。県からは、コンビナート進出によってこんなに未来が拓《ひら》かれるといった繁栄のイメージが華やかなイラストで示され、初め人々はその華やかさに眩惑《げんわく》されたことであろう。県知事は、そこに美味《おい》しい水がある、引っぱっていってやるから飲めというような表現で私たちを誘った。馬にたとえられた私たちは、その美味しい水に毒を嗅ぎつけたのである。

石油コンビナートは当時の地域開発の目玉であり、地域開発の優等生といわれた岡山県水島地区は、それを「金の卵」と呼んだが、はたして「金の卵」であったかどうかは、私たちが真剣に勉強したことであった。工場誘致に伴う水や交通手段の提供など、莫大な投資が自治体によって行われ、その無理が至るところで歪みを生んでいたし、すでに公害対策も無視できない状態にあり、進出企業は大いに楽をしても、地域全体の住民にそのタレ＊が回ることはなく、少なくとも当分の間は自治体の過重負担が目立つのが〝金の卵〟の正体であった。

＊〈タレが回る〉中心的工業の繁栄によって地域経済にその波及効果がもたらされるというのが、拠点開発方式の論理で、当時それを「タレが回る」と表現した。

四日市をみれば、企業誘致の結果がどうであったかは一目にして分かった。コンビナートの進出が地域経済にどう影響するか、きちんとバランスシートをとってみれば明らかにマイナスになるであろうことは、宮本憲一＊先生から教わった。私たちのコンビナート反対闘争では、公害のことばかりでなく、地域開発の性格や実態、企業進出のプラス・マイナスの考量も大きな仕事であった。

＊〈宮本憲一〉大阪市立大学教授。財政学、地域経済論。公害、環境問題に取り組んでいる。『沼津・住民運動の歩み』の編者。

しかし、その計算は簡単に予測できるものではなく、相手のいう華やかな繁栄のイメージを打破するのはきわめて難しかったし、私たちのような事前闘争のなかでは、企業進出のマイナスを指摘はできても、それを勝負のかなめとするのは無理であった。私たちは公害問題を最大の焦点とするとともに、相手が繁栄を宣伝することに対しては「その繁栄はウソである。かりに繁栄があったとしても拒否する」というテーゼで対抗せざるをえなかった。ふるさとを荒らし、人の健康を失わしめてまで繁栄を求めないという、確たる決意が必要であった。それができたのも、裕福だからできたといえば言え、その口実が海や山を荒らし、公害をまき散らしてきたことを強く警告したい。

〝地域開発はいいが、公害はいけない〟という言い方が当たり前のように通っている。革新の政策もそうであったと思う。それに対して〝公害があるかぎり地域開発はダメだ〟という政策でなければならない。この二つの言い方は同じ事のうらおもてではなく、その問いには決定的な差があることを知るべきである。港湾拡張反対も、豊かさを拒否する覚悟のなかで徹底することができたと思う。

くらやみの思想

火力発電所に反対する闘いは〝電力〟という近代生活に不可欠のものに反対するものであるだけに、公害は許し難いとしても、「電力」の魅力に対する対抗軸はさらに覚悟のいることであった。

電力会社は、この発電所ができなければ停電するぞという脅かしを繰り返した。東京電力の営業範囲は富士川以東であり、静岡県のその区域には一万キロワット程度の小さい水力発電所が数基あるのみで、区域内の必要電力はほとんど他県および中部電力から供給されていた。工業発展に伴う電力需要は大幅に増え、遠隔地からの送電にも数々の支障があるため、この区域内に大型火力発電所を建設することは電力会社としては当然の供給対策であったであろう。区域の電力の主要な消費者は工業都市富士地区の工場群であり、計画された一四〇万キロワットの発電量は、まさに大半が工場向けとコンビナート企業のためのものであり、民間電力はその一部でしかないと予想されたが、区域内に発電所がなく、すべて他地域から供給されているとすれば、一般家庭の消費電力も新発電所で賄うことになり、当然停電の脅しも深刻に受けとめざるを得ない。それに対する対抗軸は難しかった。自分たちの近くには発電所を拒否し、他地域からの送電を呑気《のんき》に受けているだけでいいのか。停電は脅しであるとしても、その論理にどう答えたらいいのか。

私たちの結論は〝停電したらろうそくで生活しよう〟ということであり、ひそかにその覚悟をもった。後年、豊前火力に反対する運動のなかで松下竜一さんが「くらやみの思想」という言葉でその思想を表現されたが、ろうそくだけで生きられるという自信はさらになかったが、そのくらいの覚悟がやはり必要であった。

営業政策から、なんとしても県東部に発電所を造りたい東京電力は、沼津の石油化学コンビナート計画が挫折したあとも立地に執心し、一九六九年にこんどは富士地区に建設を計画した。しかし、これも富士市および周辺の住民が、ひそかに開かれた深夜市議会に乗り込んでこれを粉砕するなどの果敢な闘いを組み、挫折させた。以来この地域には発電設備がなく、相変わらずよそからの供給を受けている。

追い払っただけか

私たちの石油化学コンビナート反対の運動は、いろいろなところで高く評価されているが、なかには「あれはいやなものを追い払っただけではないか」という冷たい批判にぶつかることがある。たしかに公害を拒否して企業進出を許さなかったという形であり、進出を断念した企業はそれぞれ千葉県臨海工業地帯に立地しているのであるから、追い払っただけという見方もあるかもしれないが、私たちの公害反対の思想はそんなものではなかった。

経過のなかに述べたように、二市一町のなかでも自分の頭の蠅を追い払ったら終わりというのではなかったし、企業進出の話を聞いて、千葉県にも何回か行って私たちの運動を紹介し、公害問題に立ち上がる必要を説いたことがある。しかし、当時、その地ではまったく耳も傾けてくれなかったのである。そのほか、ずいぶんと各地、各集会に顔を出した。自分のところだけよければそれでいいのではなく、各地から公害問題をなくそうという願いをもって行動した。そしていくつかの反公害住民運動が沼津・三島の闘いの刺激を受けて起こり、その流儀が引きつがれていったのは事実である。しかし、全般としては経済成長、地域開発はなお止まることなく進行し、私たちにはそれを止める力はなかった。

いま、私たちはさまざまな石油化学製品を日常的に使い、電力を他地域から受けて、ノホホンと生活している。結果としては、追い払っただけではないか、あの運動とはなんであったのか、という反省は私たち自身が自問しているところである。結局は、文化の問題、生き方の問題として追及していかなければならないのであろうということが、私たちの話しあっていることである。それがオルタナティブにつながる。

追い払っただけという批判には、もうひとつ危険なものをはらんでいるという感じがする。そこには反対するだけではダメだ、代替案を考える必要があるとする態度に安易につながっていく恐れがあるのではないかと思われるからである。これもオルタナティブの課題として出てくる。

あれから二十年　現代的意義考える
――石油化学コンビナート闘争座談会

出席者　井手敏彦（当時　市議）
杉本　泰（市民協事務局長）
中嶋　勇（吉原工教諭）
西岡昭夫（沼工教諭）
星野重雄（医師）

公害の恐ろしさ実感　市民一人一人が闘う

一九六三年から六四年にかけて、県は沼津・三島の二市と清水町の二市一町の広域都市計画＝合併を進めるとともに、富士石油、住友化学、東京電力の三社による石油化学コンビナートの進出計画を明らかにした。これに対し公害を心配する二市一町の住民が烈しい反対行動を起こし、遂にこのコンビナート計画は中止になった。その住民の闘いは、公害反対運動が初めて住民の手によって勝利した運動として画期的なものであった。

今年はその闘争から二十周年に当たる。三島では二十年前にコンビナート阻止を宣言した市民大会の日である五月二三日に記念集会を開いて思いを新たにした。沼津でも、あの歴史的な大集会から最終決着に至った九月を中心にして一連の行事が実行委員会の手で計画されている。

そこで、あの運動の主として事務局的活動を担いその経過をよく知る五人が集まって、「いま二十周年を記念する意味」について話し合った。当時の回想から、その現代的意義まで話はさまざまに燃えたが、多くの人に二十周年の行事に参加していただきたい願いをこめて、本紙上にその一部を紹介する。

（まとめ責任者、井手敏彦）

運動の貴重な資料まとめる

井手　二十年経って、当時の記録や資料はどの程度残されているのだろうか。

西岡　『沼津住民運動の歩み』（一九七九年、日本放送出版協会発行）を書くときに若干集めたが、全部集めたわけではなく、なお運動に加わった人達の所にまだ沢山のものが保管されていると思う。

杉本　当時は、毎日次から次への行動に追われていて、記録をとる余裕がなかった。

星野　大体〝勝つ〟など思いもよらなかったし、資料として残すことは余り重きもおかず、ただガムシャラに頑張っただけだから、余り整ってはいない。

井手　全国から次々に公害反対運動をしている人たちや学者が勉強に来て、資料提供に苦労したものだ。

中嶋　しかし、沢山のものが、いろいろな人の所に保管されていると思うのでこの際、それを集めたり整理することが必要だ。

杉本　闘争が終わったあと、各町内ごとに座談会をやったが、そのテープが残っている。これは大変貴重なものだ。あの運動は各地域で、皆が「オレがやった」という自負に支えられていたものだから、そういう地道に動いた人の記録は重要だ。亡くなった方もあり、是非大事にしたい。

調査団と対決したテープも

西岡　政府お抱えの黒川調査団との対決の録音テープ、医師会と県衛生部のやりとりの記録など、極めて貴重な資料だと思う。

星野　当時の市議会での経過や市との交渉の記録などもまとめたい。

井手　あの運動について私たちがいろいろ発表したものや、学者が書いたもの、さらに運動が全国各地に影響していった様子なども集める必要がある。そのほか、漁協、自治会、地区労など各団体などの資料も当たってみたい。

西岡　そういう資料集めや整理は、時間、人手、経費などが必要だが、運動の意義を振り返り、また、伝えるためには、第一に必要なことだから、何としてもやらなければならない。
中嶋　今までも必要だと思いながら果たせなかったが、今度の機会を失しては永久に出来なくなってしまう危険がある。それをやることが二十周年記念の第一歩だと思うので、皆の力を合わせて本気で取り組むことを考えて出発しよう。
井手　計画発表から僅か半年か十カ月という短期決戦だったが、運動があれほど早く全市的に盛り上がったのはなぜだったろうか。

生活といのち守るため必死

星野　あの時は、みんなが気違いのように、あるいは佐倉宗五郎のようになった。お互いのふるさと、みんなの生活、子どもたちのいのち、それを守るのは自分達だ、と必死になったが、それは公害の恐ろしさが五感に触れて分かったからだと思う。
中嶋　何といっても四日市が教訓だった。その実状はマスコミでもタイミングよくいろいろ報道されたが、実際に多くの人が行き、自分で見たことや、現地の声を直接に伝えたことがよかった。
西岡　その二、三年前に石油基地化に対して静浦《しずうら》漁協が烈しい行動で阻止した歴史があったことを忘れてはならないと思う。水産加工業者とともに漁民の怒りがすごかった。
井手　沼津の運動は、牛臥《うしぶせ》の火力発電所問題で一挙に火を吹き、それがたちまち下香貫《しもかぬき》一帯に拡がっていったが、何か特徴があったのだろうか。

土着性による「ムラ」意識が

中嶋　住民の土着性が働いたと思う。当時はまだ農家も多く、いい意味での〝ムラ意識〟があったし、ナイーブだったと思う。

杉本　火力発電所では地元に格別の受益はなく、環境と生活の破壊だけだ、と受け取っていた。

西岡　『沼津朝日』のキャンペーンがすごかった。まさに地元紙としての存在価値を発揮したし、特に「大企業の植民地になるな」という主張は大きな力となった。

中嶋　医師会の反対も決定的な支えだった。初めは有志の数人が先頭に立っていたが、勉強したり、運動に刺激されたりして、遂に医師会としての正式な反対決議となったことは大きい。

井手　政党や労働組合は一度も赤旗を立てなかった。旗を立てなくても「彼は懸命にやっている」ということは誰の目にも明らかだったし、保守、革新とか住民、労働者という区別ではなく、「やるかやらないか」の評価で決まった。

杉本　労働組合が裏方に回ることを特に指示したのでなく、運動を住民と一緒にやるなかで、意識的、無意識的にそうなっていった。運動を大事にし、その運動のなかでの労働者らしい働き場所を埋めて行った結果だと思う。

星野　特に片浜の富士石油問題が出てからは地域の国鉄労働者の活動は力強かった。全体にもあれだけの大動員が続けられたのは地区労の力に支えられなければ不可能だった。

西岡　結局、すべての人が自分の思うようなやり方で闘いに自発的に加わってゆき、皆が「オレがやった」と意気込むほどに一人一人が燃えたわけだ。

住民の学習で権力への対抗

星野　それをつくり上げていったのは、やはり住民の学習だろう。あの運動のスタイルが全国的にモデルになって、権力に対抗するには住民の学習が唯一のものだという方法論が確立した。

杉本　市民協という組織ができたが、これはピラミッド型のものでなく、上からの拘束もせず、ただ皆がそれぞれ思うさまに活動していた。

井手　そういう組織のハードさがまったくなかったから果敢な行動もできたと思う。管理やスケジュールに沿った行動ではなかったことが住民運動の性格だ。

西岡　と同時に、生活も犠牲にし、身をさらして行動する覚悟があった。

井手　九月、最終的に運動が勝利したが、遂に勝ったという感激とともに疲れ果てた思いが濃かった。

杉本　今後どうするかということ、運動の成果をどうするかという意欲はなかなか出なかったし、運動のリーダー有志の発意による「沼津をよくする会」の結成も困難を極めて、翌年の市長選挙からみのなかで実らなかった。

西岡　市長選挙で分裂した痛手は大きい。運動のなかでは、公害の危険を追い払うのに必死で、地域開発のことを詰める余裕はなかったし、その議論を住民のなかで発展させないままに終わってしまった。

井手　ポスト・コンビナートとして、沼津の開発をどうするか、という論議が『沼津朝日』を中心にした民間サイドや市、議会などで動き始めたが、いずれも中途半端に終わっている。

西岡　その後どうするかはまとまった形としては残らなかったが、ふるさとを守ろうという意識は、その後の住民運動のなかで生き続けていると思う。

井手　自分の頭の上の公害はいやだ、他所へ行けばいいという気持ちはまったくなかったが、地域開発とか成長に関する議論はまとめられなかった。

開発のゴマカシは通用せず

中嶋　しかし、公害対策や地域開発のゴマカシが通用しなくなったことは大きな事実で、政府や企業は方向転換せざるを得なくなった。

星野　今の若い人はコンビナートのことを知らないかも知れないが、牛臥に火力発電所、片浜に富士石油、清水町に住友化学が出来ていたら、どんなになっているかを想像すれば、誰でもよかったと思うだろう。そういう遺産のなかで地域のことを議論したらいい。何より重要なのは「民主主義を育てる」ことの大事さだ。それがコンビナートの最大の教訓である。

西岡　地域の経済が発展することを考えなければならないが、上からの開発、外からの圧力に委ねないで沼津の地形、沼津の住民を基にしたものでなければならない。

杉本　難しい課題だが、それを真剣に討議することも、二十周年を機に改めて取り組むべきことだと思う。

中嶋　いま、どんな状況にあり、市政がどう動いているか、議員が積極的に情報化して議論を起こしてほしい。考え方がいろいろあることがいいので、何も知らされずに過ぎてゆくのが心配だ。

西岡　町づくりなどは偉そうなコンサルタントに頼むより、まず住民の間で議論すべきだ。

〔コンビナート反対闘争　住民運動の軌跡〕

一九六三年（昭和三八年）一二月一四日、県が東部地区広域行政研究協議会の席上、沼津市、三島市、清水町地域に石油化学コンビナートの誘致計画を発表したが、二市一町全域に反対運動が起こり、翌年一〇月まで続き、結局、計画は取り止めになった。

進出を計画した基幹三社と規模は、住友化学（清水町、エチレン年一〇万トンを含む一六品目製造、年間売上高二五〇億円、一期完工一九六五年末、建設費五三〇億円、面積一三万二〇〇〇平方メートル）、東京電力（牛臥海岸、一四〇万キロワット重油専燃火力、一九六九年稼動、五二〇億円、一五万五〇〇〇平方メートル）、富士石油（三島市中郷、一日当たり一五万バーレルの精油、完工一九六七年、二六〇億円、一六万五〇〇〇平方メートル）。

一九六〇年、この三社に昭和電工を加えた計画があったが、用地問題、国内経済事情、進出争い、地元自治体間の対立、水産業者の反対などがからんで延期されていた。しかし、一九六一年からの県第六次総合開発計画で工業生産額四・三七倍、東部地区の重化学工業化が目され、一九六三年七月、東駿河湾工業整備特別地域（三地区八市一二町六村）指定前後から計画が再浮上した。

同年五月、当時の斉藤寿夫知事は二市一町の合併を提案、広域協での計画発表となった。「合併はコンビナートのためだったのか」と批判のあった三島市から反対が起こり、石油コンビナート対策三島市民協議会中郷土地不売同盟などの反対組織や婦人連盟、町内会長連合会、商工会議所、地区労等の既成諸団体の大半が反対した。市が委嘱した調査団（遺伝研二人、沼工高教諭四人）の「公害はあり得る」との結論と市民意向によって、一九六四年五月二三日、反対市民大会で富士石油拒否を声明。

一方、沼津では市が推進側に立ったが、市民は学習会を軸に反対し、同年六月一一日、東電は計画撤回を回答した。石油コンビナート反対市民協議会、水産加工組合、医歯薬三師会、文化会議等の反対運動や反対声明を出した団体は多く、六月二五日、富士石油が片浜進出を声明後、進出を可とした政府調査団との対決を経て、運動は全市域へ広がった。九月一三日には二万五〇〇〇人を超す反対デモと市民集会が第一小校庭で開かれ、一八日に富士石油拒否の市長声明が出された。

清水町では県の行政干渉もあり、三たび町長が交代する混乱を経て、一〇月二九日、町長声明で終止符が打たれた。大規模開発計画が住民運動で挫折したのは全国で最初のことで、公害諸法の制定、県内外の公害反対運動に大きな影響を与えた。以後、同地域への大企業進出は沼津への電算機メーカー富士通一社にとどまっている。


（西岡昭夫記）

さまざまな環境保全運動

千本防潮林を守る

駿河湾の強風と津波を防ぐため、沼津の千本海岸から富士海岸にかけてクロマツの防風・防潮林がある。この松原は、四百年ほど前、一人の僧が潮風に悩む農民の難儀を救うために一念発起して、念仏を唱えながら松の苗木を一本一本植えたのに始まるといわれ、江戸時代は幕府の禁伐林として明治以降は御料林として保護され、長さ二〇キロメートル、厚さ一〇〇メートルという見事な林相に育った。千本松原あるいは千本公園として沼津を代表する名所としても知られる。歌人若山牧水がここに晩年の居を定め、作家井上靖も沼津中学時代に毎日のようにここを散策した。松原のなかに建てられた井上文学碑には次の詩が書かれている。

――千個の海のかけらが　千本の松の間に挟まっていた

少年の日　私は毎日それを一つずつ食べて育った――

昭和に入って次第に人の手が加わり、牧水が〝松原と言えどさながら密林の如し〟と書いたような密度は薄くなりつつあったが、決定的に松原を破壊したのは戦時中の松根油《しょうこんゆ》採取であり、大きな木の大半が伐られた。さらに戦後の道路や住宅の建設などで林相は貧弱になったが、建設省が一九六〇年に建設した海岸防潮堤が松原に大きな影響を与えた。駿河湾は太平洋に向かって湾口が広がり、日本有数の水深があるだけに、太平洋で発生した高波がエネルギーを減殺することなく湾奥の沼津海岸に押しよせる。ために高波による被災も何回かあり、防潮堤の建設は住民の強い要望でもあったが、それが松原の前面を伐って建設されたため、その背後の林に与えた影響も少なくなく、松原を憂う人には景観破壊とも映った。

海風の強い林相にあっては、海岸の前面の松は背が伸びず這《は》いつくばって生き、それが風除けになってその後の松が少し背を伸ばすことができ、またそれが背後の松の風除けになる、という形が顕著にみられ、松の頂きは海岸から背後にかけて見事な一直線をなす。前面の松の伐採は、その松の消滅に止まらず、風除けを失った背後の松をも急速に衰えさせる。そういう林のマント効果の大事さを人々は改めて痛感していた。

千本松原を守ろうという市民の動きがあるなかで、伊勢湾台風による海岸被災に驚いた建設省が、海岸防潮堤の全国一斉の見直し作業にかかり、千本海岸の防潮堤もさらに嵩《かさ》上げが計画された。その設計は、伊勢湾台風級のものが駿河湾に最悪のコースで入ってきたときに越波をなくそうとする計算に基づき、実にTP*一七メートルという日本でも最も高い設計となり、そのために従来の防潮堤の底部を拡大して二段構造で積み上げるという巨大なものであった。底部の拡大は当然に松の相当な伐採を前提とする。松原を心配する人たちは、前の防波堤をそのまま見過ごした悔恨から、再び失敗を繰り返すまいと松原保全に立ち上がった。

＊〈TP〉東京湾の平均的海面の高さ。高さを測る基準となっている。

この運動は難しい。防潮堤は生命、財産を守るために増強されるのであり、堅固な鉄とコンクリートはそのための最高の技術であり、十分な計算と模型実験のうえに慎重に設計されたものとすれば、松原の保護など単なる感傷論として一蹴されるだけであろう。誰が見ても松林よりコンクリート堤のほうが確かなものに見えるにちがいないし、事実松林だけでは防ぎきれなかった歴史もある。ジャーナリズムも住民の動きを紹介しながら「松が大事か、生命が大事か」という書き方しかしなかった。住民側も松林の成り立ちやその退化の状況、海岸線の調査、被災の歴史などを勉強しながら松原保護の重要性を力説したが、なお一歩相手に迫るものをもちあわせなかった。

そのさなか、まったくの偶然であったが、一冊の貴重な文献が見つかった。それは、一九七六年に科学技術庁資源調査会が発行した『伊勢湾台風災害調査報告書』のなかの一冊『伊勢湾台風における防潮林の効果』であった。この調査報告書は、伊勢湾台風による海岸被災の状況を各現地で克明に調査分析したもので、いたずらに海岸林を伐って防潮堤を築き、その防潮堤を過度に信頼したことによって被害が拡大したことを立証し、「のぞましい形としては、防潮堤の背後にクロマツを育成することであり、両者の協同作用によって背後を護ることがよい。いわば堤防は父であり林帯は母であり、柔剛相和して防潮機能は一段と補完される。」（同書一二頁）とまで書いてあった。また、海岸林が過去の貴重な体験に基づいて苦心の結果造成され、保存されてきたもので、その防災効果は一般に高いこと、風や波のエネルギーは松林にソフトに吸収されるが、堅固なコンクリート堤はむしろ跳波の被害を増やすことなどを詳細に解説している。この所論は私たちの目を大きく開かせてくれた。建設省の技術陣に対する反論としてもきわめて有効だった。防潮堤の嵩上げ工事は基本的には進められたが、改めて嵩上げ高の見直しを含む構造設計の変更、松林の伐採の縮小と造林などの成果を挙げることができた。

この運動のなかで、林のもつ一体性の認識、波や風を強さや大きさだけでなくエネルギーとして考えること、そしてハードな技術とソフトの技術との両立が必要なことなどを学んだ。この経験は後に河川改良などに大いに役立った。もっとも重要なことは、「人命か松か」という二者択一の形にとらわれることがまちがいで、「人命も松も」でなければならないことを知ったことである。皮相な二者択一が押しつけられることが多いとき、この論理のウソを見抜くことはきわめて重要である。

千本港湾拡張反対

沼津は江戸時代から海陸交通の要衝であった。海上については、断崖が海に迫って陸路の開設が困難な西伊豆方面の唯一のターミナルとして、また駿河湾水産物の集散地として、港町沼津の繁栄があった。しかし、その港の位置は町の中心を流れる狩野川の河岸であり、土砂の堆積と船舶の大型化によって次第に下流部に移動してきたが、波荒い海に出ることは長い間できなかった。したがって、海に面した港＝外港＝を造ることは沼津商工界の悲願であり、ようやく一九六二年に狩野川右岸河口部

沼津港拡張計画図

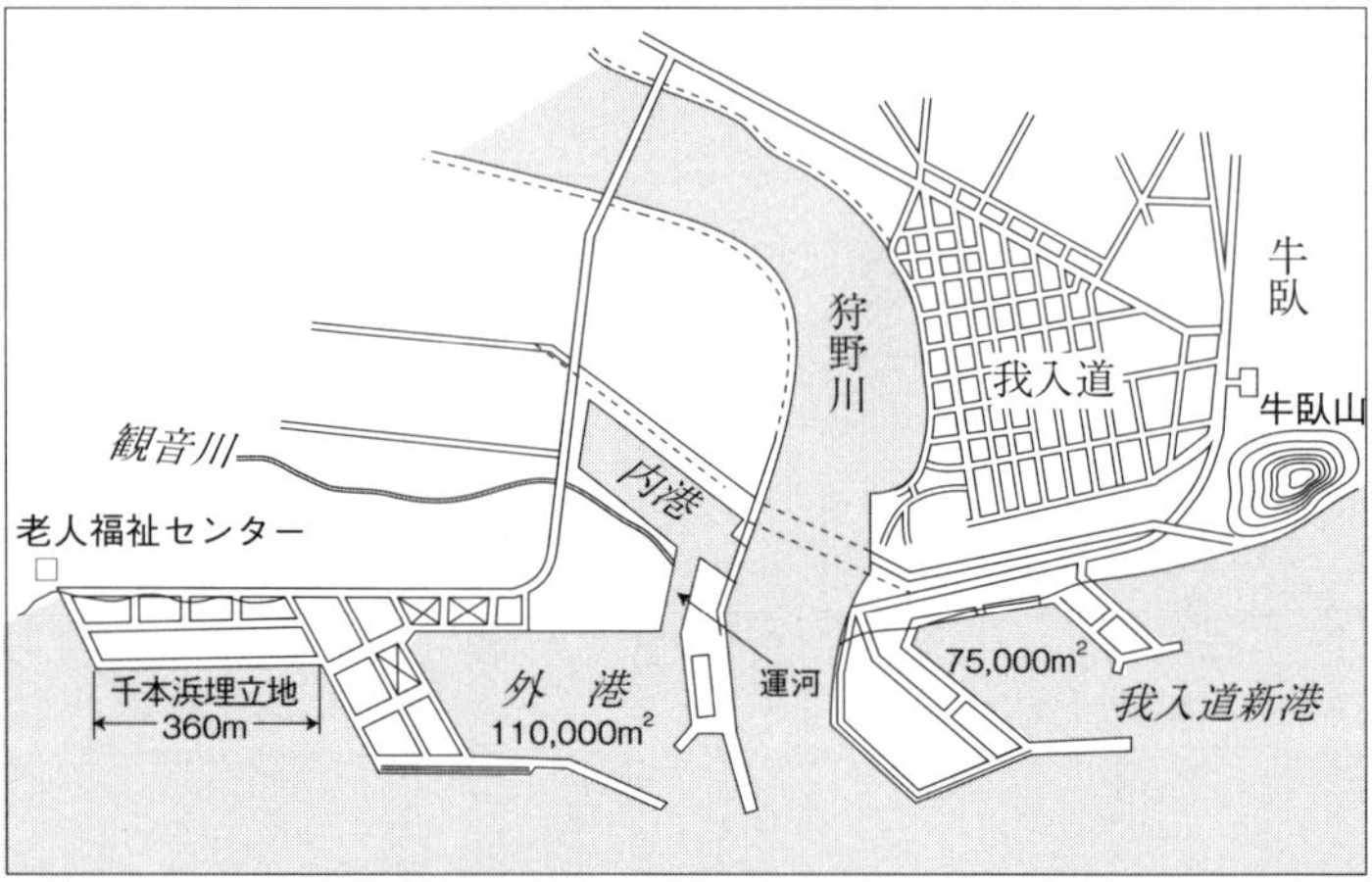

の海域に高い防潮堤を伴う外港ができたときは大喜びであった。

しかし、この外港は、波浪の影響を受けやすく、入港も簡単でないうえに港域も狭く、期待したような大型船舶の利用は皆無で、貨物取扱量も微々たるものに止まっていた。

この千本外港をさらに拡張して工業資材の取り扱いを増やし、さらに狩野川の左岸の我入道地元の海域にも新港を建設するという計画が出されたのは一九七〇年であった。それに対しても、前の石油コンビナート反対闘争と同じような広範な住民運動が起こり、計画発表の半年後にこれを撤回させた。この住民運動では、石油コンビナートとは関係地先が異なり相手も違っていたが、かつての運動経験者も加わり、運動の流儀や展開の仕方はそのまま生かされて、再び大きなうねりとなって県や市に迫っていった。

千本海岸は波荒く急深で、おとなしい海岸ではなかったが、前述したように千本松原と一体となって沼津人の誇る名勝の地であった。その汀線が次第に後退し、海岸の趣も荒れてくることが大きく心配されていた。

そもそもこの海岸は、富士川と狩野川から流れ出る土砂の堆積によって形成された砂嘴《さし》であり、それが痩せていく根本原因は流出土砂が減ったことにあった。富士川の豊かな水量のほとんどは上流部で企業の自家発電用に簒奪《さんだつ》され、川砂利の採取もあって土砂流出の力はほとんどなくなっていた。さらに田子の浦港の建設が漂砂《ひょうさ》の移動を完全にストップし、そのために富士川以東の富士海岸は、数年で二〇〇メートルも後退するという惨状を呈し、それに連なる千本の海岸も、それほどのいちじるしい後退現象はないものの、影響は明白であった。また、千本外港の建設は、狩野川の土砂の千本海岸への寄り着きを妨げていることも明らかに推理できた。無理して造った千本外港があまり役に立たず、むしろ海岸に及ぼしたダメージのほうが大きいのではないかという反省は、多くの人が抱いていたところである。

港湾拡張計画は、その海域をさらに埋め立てて埠頭《ふとう》用地を拡大しようとするものであり、埋め立てによって千本海水浴場が全滅することは明らかで、それは当然一体となっている松原の荒廃につながる。〝千本を守れ〟という声は、千本地区住民に始まって、すべての地区の住民の共感を得た。沼津の人にとっては、港湾の拡張は経済発展に役立たず、貴重な自然を破壊するだけの暴挙としか見えなかった。小さな子どもたちまでが父母とともに〝千本を守れ〟と叫び、署名集めに走り、我入道地区でも、海と松原を守る運動が着実に広がり、市民全体に広がった住民の意思の前に、ついに市長が計画撤回を県に要請することを表明し、計画は消えた。その後、なんとしても港湾を造りたいという動きは執拗《しつよう》に続けられたが、再びそれが具体的に浮上することはないと思う。

この運動を通して、海への認識を深めることができた。一つは海と川との密接な関係である。川が海に注ぎ、川の姿がどうあるかが海に敏感に反映してくることである。防潮林を守る運動のなかで知ったように、ここでも生態系は一体であり、海を守ることと川を守ることの相関を知らなければならないのである。川に上流と下流があり、それが海へ続く、川の上流の破壊や汚染が最終的には海に至り、海を守ることは川の維持と切り離せないのであった。また、海の生態は未知のものを多く含んでおり、いまの科学あるいは土木技術ではカバーすることができないことも、各地の埋め立て事業の推移のなかで痛感したことであった。自然は常に鋭く反応するが、その点では海がもっとも難しいのではないだろうか。それをモノあるいは空間としてのみとらえ、簡単に手をつけることは避けなければならない。

さらに愚かしさを感じたのは、当時の新全国総合開発計画*の性格についてである。全総、新全総、さらに三全総、四全総と続く開発構想は、政府が考えた開発シナリオであって、地域から盛り上がったものではなく、常に大きな問題をはらんでいる。新全総は全国に海陸輸送網を網の目のごとくに張りめぐらし、モノの流れの速さを確保することによって経済発展をめざそうとするものであった。沼津の港湾のごときは、そこに登場するほどもないチッポケなものであったが、その流れのなかにあったものと言えよう。そして、沼津のように悪い条件のもとでも、あえて港づくりを進めようとすることから推せば、日本中が港で埋まるにちがいないと思うと、新全総構想のおぞましさを痛感したのである。この構想はやがて田中角栄の『日本列島改造論』に続いていく。

＊〈新全国総合開発計画〉最初の計画が〝拠点開発〟主義であったのに比べ、一九六九年のこの新計画は、大都市に機能を、工業を地方へという構想のもとに、全国に高速交通や通信のネットワークを張り巡らせ、列島を一つのものとしようとした。

ＰＣＢ汚染

沼津の海で盛んに行われていた養殖はまちに奇形のものが目立つようになり、一部の市民がこの原因として、当時大問題になっていたＰＣＢ＊を疑い、徳島大学の立川涼先生に検体を送って調べてもらった。その結果、魚体のＰＣＢが検出された。これを公表したことがきっかけとなり、静岡県も湾内全域の調査を実施して、ＰＣＢ汚染の事実を認めた。一九七一年のことであった。はまちだけでなく、駿河湾特産のサクラエビも汚染されており、この事実とその公表は水産業界に深刻な影響を及ぼし、市民と漁業者が対立することもあったが、市民側は漁業者を頭から悪者にすることのないように行動することを常とした。

＊〈ＰＣＢ〉カネミ油症事件の原因となった有機塩素化合物でＤＤＴに似た構造をしている。耐熱、耐薬品性、絶縁性に優れているため広範囲に使用されていた。一九七二年「ＰＣＢ追放」が決議された。

このような問題について、行政にだけ調査をさせるのではなく、できることがあれば住民もみずから調査し、検体の作り方、分析の仕方、数字の読み方を自分たちで経験することがきわめて重要である。

私たちもそのプロセスに立ち会ってみて、単に調査結果の数字だけ見ていてはいけないことを知った。

大阪府松原市のゴミ焼却場反対運動のなかで同市若松町の住民が、ある清掃工場の排水によって汚染された土を大学で分析する作業に立ち会った。そのときの感想を、「数字は一度提起されると、ひとつの前提になりがちである。それだけに、どんな方法で、どんな視点で数値化されたのかを注意深く見きわめなければならない。そうでないと、数値化の過程で捨象された事実は永久的に浮かび上がってこない」*と書いているが、数字をどう見るかは公害問題をとらえるうえで十分に注意しなければならないことである。

＊〈数字は一度提起されると〜〉若松町会発行『東風《こち》が吹く』より引用。

駿河湾のPCB汚染は、もうひとつ深刻な事実を明らかにした。PCBの入ったノン・カーボン紙が古紙として集められて、製紙の町富士に送られ、そこの工場で再生される過程でPCBが製紙ヘドロのなかに入って海に流れ出たという経緯が明らかになったからである。つまり、ノン・カーボン紙に使われたPCBはゴミになったあとも、リサイクルされたあとも消えることなく、古紙再生という推奨さるべき行為のなかで外界に汚染を広げたという事実は、ゴミ処理上の大きな問題であった。

サファリ反対

一九七八年、富士山麓《さんろく》にサファリが計画されると知って、静岡県東部の住民たちはこれに烈しく抵抗する運動を起こし、その土地利用を許可した静岡県に対する行政訴訟、環境権や安全予防権（危害や汚染の蓋然性《がいぜんせい》が高いときにそれをあらかじめ防ぐ権利）を主張する民事訴訟などを提起して、工事差し止めと開園阻止を闘ったが、いずれもいまの裁判の限界に阻まれて、開園を阻止することはできなかった。しかし、私たちは、サファリがまったく愚劣で反自然非文化的な見せものであり、教育上好ましくないものとして、とくに幼稚園や小学生がこれに行くことをやめさせるべく、開園後も「サファリを見に行かない」宣伝活動を続けた。これはそれなりの効果をあげた。

サファリ（サファリ・パークとか自然動物園）というのは、広い柵のなかにたくさんの動物を放し飼いにして、人間が車のなかから見て回るという娯楽施設で、その性格について動物学者H・ヘディガーは「すべてがシーズン中の金儲けと冒険好きのお客の神経をぞくぞくさせるためにつくられている、このサファリ・パークなるものは動物園とは全く関係がない」と指摘している（『アニマ』一九七九年四月号所載論文より）。また、エルザ自然保護の会の会長藤原英司さんは、七三年九月に「富士山サファリパーク建設に反対します」という公開反対声明書を公表し、そのなかでサファリなるものが動物虐待と反自然教育の施設であり、景観を侵害するなどの反対理由を明記している。私たちも、一九八〇年の全国自然保護大会静岡大会のサブテーマに、反対運動のスローガンであった「富士山にライオンは似合わない」を掲げ、サファリ反対の世論をアピールした。

サファリは、日本では七五年に宮崎で第一号がオープンし、初年度一七〇万人という驚異的な入場者数を記録、資本回転率がよく楽に儲《もう》かるということで、土地資本や観光資本が飛びつき、わずか四、五年の間に全国で八カ所もできるというブームを呼んだ。富士山麓のものも、伊豆、箱根、富士山という超一流の観光ルートに乗せ、富士山をバックにライオンやキリンが見られるという〝奇怪さ〟を売り物にした見せもの以外の何ものでもなく、それが野生との触れあいとか自然の姿とかを宣伝して観光気分の客集めをもくろんだのであった。私たちは、日本を代表する景観の地富士山麓が金儲け主義の資本に占有され、ライオンなどに荒らされることを腹の底から怒り、反対運動に立ち上がった。その運動の焦点にあったのは水である。

富士山は、その広大な山容と、山麓に降る雨のほとんどが地下に浸透し、地表の川とならないという大きな特徴をもっている。地下に浸透した水は諸所に湧出するが、なかでも東南部に広がる地下熔岩流の隙間《すきま》を通ってできた清冽な大量の地下水が、突如として清水町柿田の地に噴出する。日量一〇〇万トンを超える東洋一の湧泉として名高く、最近ではテレビにも再三映し出された。この柿田地下水流は地域住民の貴重な飲み水であり、上水道の水源になっている。清冽で、水温、水量とも年中変わらず、上水道としてもまったく浄化や滅菌の必要のない日本一の水として、地域住民の最大の誇りであった。

これだけの水を企業が放っておくはずがなく、いくつかの用水型企業が上流部に立地したが、その影響は下流部にストレートに表れ、水の都として有名な三島の湧水を涸らす結果をもたらした。この水によって生活や農業を支え、この水を無二の宝としてきた住民にとって、目の前で見る地下水の激減は大きな怒りとなり、地下水を汲《く》み上げる企業に抗議しつづけてきた。一九六三年の石油コンビナート反対闘争の口火となったのも、この水を奪われまいとする住民の怒りであった。以来、柿田の水を守るのは、静岡県東部住民の共通の願いであり、いくつかの運動が続けられていた。

あろうことか、その地下水の水源の地にサファリがくるという。水源地の破壊、水質の汚染は地域住民にとって死活の問題であり、また自分たちの飲む水にライオンのし尿が混じるなどということは、汚染のいかんを問わず、文化の問題として許すことのできないことであった。私たちの問題提起に対して、静岡県は「動物の糞尿《ふんにょう》による地下水汚染はない」という回答を寄せた。それは水質に関する最高権威者とされる某学者の調査結果に基づくものであったが、その調査内容に疑問をもった住民側の代表が、その学者に会って質問したところ、調査報告にミスがあったことを認め、さらにこの報告書は彼の名を冠する研究施設で作成したものでありながら、彼自身は見てもいないことを弁解した。業界が金を出して〝権威〟を買い、その〝権威〟が名前だけでまかりとおる図がそこにあった。いわゆる環境アセスの専門家報告書には、このたぐいのものが少なくない。複雑、精妙をきわめる地下水の摂理を科学的に解明することは困難である。やっとモデル化による推定ができる程度であろうし、まして長期にわたる事実がわかるはずがない。ライオンの糞尿が入るかどうか、それがどんな汚染をもたらすか、証明も反証明も十分にできないままに裁判所は私たちの主張を退けた。裁判所は環境権を認めず、被害が現実化し個人にその被害が及ばないかぎり、守られるべき利益はないとした。

柿田川を守る運動は「柿田川自然保護の会」を中心として幅広い地域住民の関心を集めて進められている。最近になって、トリクロロエチレン*の汚染が発見された。それを明らかにしたのも住民の手によってであったが、実は行政もその事実をつかんでいながら隠していたこともわかり、住民の怒りはより高まっている。行政も慌てて全域の調査をやっているが、調査はしても犯人捜しはやらないという態度である。ハイテク産業による地下水汚染は、アメリカのシリコンバレーで知られるようになり、それはいまなお未解決であるが、その解決に真剣に対応している企業者は「人の生命や健康にかかわることについては企業秘密などありえない」と言いきっている。かつて公害問題を勉強しているなかで、イギリスの公害監視官が「公害を出している工場が、これ以上取り締まられては工場が死ぬといってきたとき、私は工場は死ねとハッキリ言う」と語っていたことが私には忘れられない。

＊〈トリクロロエチレン〉ハイテク産業やドライクリーニングなどに使われる有機塩素系溶剤。体内に蓄積して、肝、腎臓障害や中枢神経障害を起こす。厚生省は一九八三年秋から家庭用品への使用を禁止した。

サファリ反対運動のなかで、もっとも疑問に思ったのは、たかが見せものに類するレジャー施設のために、富士山麓が荒らされ、下流七〇万人の飲み水が不安にさらされてもよいのかということであり、それを許す環境行政とはなんであろうかという怒りである。造られるものが社会経済的に有用であり、文化的に価値があり、地域住民の生活向上や幸福につながるものであれば、あるいは多少の環境変化も認めなければならないし、住民も受忍すべき場合があるであろう。逆に、たいした価値もなく、とくに地域住民に得るところが少ないようなものが造られる場合には、環境への悪影響はわずかでも許されるべきではない。

しかし日本の環境行政は、造られるものの価値の評価（プラス評価）はいっさいせず、ただそれが環境に与えるマイナス面をチェックするだけなのである。そのもののプラス面については、事業目的に書かれているとされるが、それはおおむね抽象的なもので、経済発展とか公共利益のためとかいう文句で飾ってあるにすぎず、はたして真に必要なものか、目的に合致しているかはまったく問われることはない。かくて、どのような金儲け仕事も、過大すぎる事業も、マイナス評価さえクリアすればまかりとおるのである。事業目的をチェックすることは土地所有権や営業権の侵害とされ、あるいは公共性の主張の前に十分な批判を逃れてしまう。

サファリのごときも、土地に対する権利が確保されている以上、いかに低俗な金儲け施設であろうとも、一定の環境に対する技術評価さえ満たせば造ることは自由となる。環境庁も、他の官庁が進める事業についてはなんの口出しもしない。しかも「環境アセスメント法」がいまだになく、真の意味での環境アセスがまったくなされていない現状では、技術評価だけで造るものをチェックすることは不可能であり、かくて、日本中にゴルフ場、サファリ、スキー場、別荘などが続出して、山河荒廃を現出している。公共事業も、過去の埋め立て造成地の半分が遊休のままであったりするし、長良川河口堰《せき》や宍道湖淡水化など、なんのプラス価値もない事業が進められたりしている。多くのダムは、調べてみれば、たいして役に立たないムダ工事であることもよく知られている。営業の自由とか公共性を鵜《う》呑《の》みにせず、造られるものの内容を十分に検討し、評価を定め、それと環境へのマイナス評価を比較検討したうえで総合的判断をすべきであろう。

プラス評価を確実にすること、いわば環境の技術アセスだけでなく、経済アセスや社会アセスがより以上必要であることをサファリ反対運動のなかで痛切に知った。一度失われた環境は元へ戻らないことが真実であるなら、造られるものの価値はもっと厳重に追求されなければならない。

解題　井手さんと住民運動の旅をして

西岡　昭夫
（元沼津工業高校教諭）

有馬は湯の香、灘は水の味

一九六四年一月、「沼津文化会議」は井手さんが持ち込んだ亜硫酸ガス情報をめぐって石油コンビナート建設計画を論議していたが、二月になると市内文化団体へ呼びかけ、自らは反対声明を出した。反対声明第一号である。文化会議は井手敏彦氏を政界に送り出すことも目的の一つにしていた。

私はやがて井手さんと有馬温泉に旅するが悠長な旅ではない。自治体問題研究会に参加し、沼津・三島の状況を説明、特に研究者らに応援を頼むことが第一目的だった。第二は、西宮市が造った当時珍しい機械式連続ごみ焼却施設を視察することだった。ごみと巨大施設の繋がりがつかない私に井手さんは「これからの姿だよ」と、可とも不可とも言わず、暗示めいた言葉以外多くを語らなかった。幅広い頑丈な搬入路の向こうにそびえる巨大施設より、ごみ問題の巨大さを井手さんは感じていたのではなかろうか。後の「沼津方式」「井手方式」とも言われる構想をこのとき語ることはなかった。目的の第三は灘生協と灘の造り酒屋の訪問で、開発に抗して水を守った話に感動した。最初から細かく目的を話さない。現地入りし、一つ終わってから「つぎは……」と言い始める井手さんに、棟梁の技を盗む新入りのごとく私は「つぎは」に続く短いフレーズを待ち受ける。

有馬温泉に集まっていた西方の学者は、沼津・三島への石油コンビナート進出計画や反対住民のことに強い関心をよせた。質問に私が答えることも多く、新入りの修行の第一歩と感じたが、初めての有馬は湯の香りだけでさよならとなった。

井手さんからスライドの原画（原稿ではない）をもらう

〝革新の運動〟と言われないためにも、地域の学習会に革新議員は意識的に出席を避けていた。医師や沼工高教員への学習会の要望は日増しに多くなっていった。そんなある日、画用紙にマジックインキで書かれた一〇枚ばかりの絵が井手さんからとどいた。説明はまったくない。当時ＯＨＰはなく、学習会の映像はスライドか模造紙書きであった。「これをカメラで複写して、ランタンフィルムでポジ画像にして、学習会で使ったらどうですか。説明はご自由に……」これだけの言葉が省略された井手さん流である。

知り合って間もない石油コンビナート反対運動の初期には戸惑うこともあったが、面倒な指図もなく、相手に無限大の自由度をもたせ、自分の方は結構時間を節約出来た。この処世術が、自らの仕事が多くなる立場になればなるほど大切なものとわかって来たのは、石油コンビナート反対闘争後七年、千本浜・我入道・牛臥海岸・さらに江の浦にかけて、田子の浦港をはるかにしのぐ工業港の建設計画が出され、反対運動が始まってからであった。

港湾建設反対運動での井手さん

緑町の自治会長だった井手さんには地元の問題であった。石油闘争では組織的立ち上がりのなかった地域であったが、一九七一年四月四日、満開の桜が囲む千本浜公園で「千本浜埋立反対同盟」を結成、井手さんが会長になった。千本浜を埋め立てることの非道義性を訴えて市中に繰り出したデモ隊の先頭車から、推進側の原市長批判と反対運動への参加を呼びかける井手さんの声が市民にとどいた。井手・原の二人が市長選で対決、井手市長が誕生する二年前であった。

二十数自治会を含む五〇を越す団体による「千本浜埋立・我入道新港反対沼津市民協議会」が五月二〇日結成、井手さんは事務局長となった。二三日には「我入道新港反対同盟」が我入道地区で結成される等、反対組織が広がると市長は白紙撤回を表明した。これを機会にして一〇月、市長諮問機関「港湾・千本対策懇話会」が発足した。井手さんの議会での「市民の意見を聞け」の言葉を渡りの舟としたのは原市長だが、井手さんの狙いは、市民各層、反対市民も交えての討議機関の必要性だった。限られた時間と形式、政治がらみの議場だけでは石油計画に次ぐ大港湾計画に不十分と見たに違いない。自らは副座長となった。自治会長、反対同盟会長、市民協事務局長、議員、副座長、社会党員、文化会議と、井手さんの肩には港湾問題がのしかかっていた。

懇話会は一三カ月に及び、総会一七回、運営委員会二〇回、専門委員会一〇回を経て井手さんが起草委員長となつて作成した答申案を承認した。今日の沼津の海岸はこうしてある。井手さんの手腕と情熱を知った市民は、翌七三年この人を沼津の市長にした。

市長と市民

七三年六月、僅少差一七七七ではあったが井手さんが当選した。三カ月前の社共統一・公明党推薦、沼津地区労、特に青年婦人部の活動、沼津市民協、浜の松を守れと闘っていた市民の活動が勝利の要因だった。この下拵え《したごしら》が大仕事であったことも手伝って井手丸は重い積荷で船出した。港湾闘争後に起きた外港整備問題では、地元と行政の立場で呻吟労苦する。噴出する市民要求の渦の中へ吸い込まれたかのように井手さんは寡黙の人になっていく。ここではごみ問題、特に外原《そとばら》住民への対応を中心に、沼津方式確立までの井手さんを書いてみる。

六四年、ごみ焼却の煙とし尿処理の悪臭渦巻く外原の住民は、たすきがけで石油コンビナート反対集会に参加、窮状を訴えた。しかし石油の大闘争はこれをかき消してしまった。当時高煙突と言われた五〇m煙突の煙も西側香貫山の乱気流に巻き込まれ下降して清水町外原住民を直撃し、建屋から噴き出す煙は清掃労働者を巻き込んでいた。港湾闘争の頃になるとパンク状態になった七五トン炉にかわり、同地に新炉建設計画が出されて住民不満は頂点に達した。

井手さんは七三年市長の座に、私はそれ以前から外原（清水町）の住民運動に加わっていた。井手さんをピンチにしたのは、愛鷹山麓の埋立地へのごみ投入拒否である。劣悪な埋立状況に住民が堪忍袋の緒を切ったとか、革新市政への腕試し要求だとか、新しくゴルフ場を建設するためとかの噂がとんだ。緊急性・具体性・長期展望という行政にとっての三題噺が井手さんを揺さぶった。六四年、西宮の巨大焼却炉を訪ねてから九年後である。

著書『ゴミ公害　未完成交響曲』で井手さんは「それまで受けていた住民の迷惑度を考えれば、その隣地に建設するというのは受け入れられるはずもなく、住民が怒りに燃えて反対に立ち上がったのも無理はなかった。しかも、沼津市民は石油化学コンビナート反対運動に鍛えられて公害意識や公害知識も高いレベルにあり、コンビナート反対運動を一緒に闘った仲間も住民側にたって激しい公害論争が展開された」と言っている。

さらに、近代的焼却工場だから無公害であるというようなマヤカシの議論は成り立たないと述べ、用地設定経緯、緊急事情の吐露、設計図面の公表、公害除去対策について住民と誠意を持って隠し立てなく話しあった、とある。

住民側の闘争委員長鈴木誠也氏（故人）は石油化学コンビナート反対闘争二万五〇〇〇人沼津市民総決起集会宣言文の起草者で、旧炉・新炉・沼津のごみ政策を容赦なく攻めた。箱根山西麓調査委員（三島市）であり、先述「懇話会」委員でもあった中嶋勇氏と私は調査・学習を担当、井手さんとわたりあった。中嶋氏はごみ質・公害防除・焼却機器、私は立体地形模型作製、旧施設周辺設置の超音波三次元風向・風速計のデータ解析を三島北高物理部と一緒に担当した。住民は、大型バス改装の観測室内計器の大気汚染データ分析、ごみ質、搬入問題、焼却方法解析等をして、汚染防止対策にせまった。こうして一五〇トン二炉の建設ゴーサインは出され、二年後に完成を見た。

その間も住民の公害対策委員会へは井手市長自ら出席、新清掃工場稼動後も住民との間で運営協議会を設けるなどしてごみ行政への意見の吸い上げをすることを忘れなかった。井手さんは早くからの廃棄物への認識を市長就任で自ら鍛えあげることを余儀なくされた。直営であった当時、清掃業務に携わる市職員の全面的協力を得て市民の理解を獲得し、分別によるごみの資源化、焼却量、埋立量の削減に成功する。井手さんの理念は沼津の土壌で沼津方式として実を結んだ。井手さんはその土を作った人でもあった。「物量社会」への沼津からの警告は日本中に広まった。

行政に市民を誘引、市民へ出前する

井手さんの行政を公害・環境面から思い出してみる。井手さん当選はいくつかの住民運動の解決につながった。千本浜の保安林を解除してサイクリングセンター施設を建設するという今から見れば途方もない計画に原市政・市議会も同調した。市道《いちみち》、緑、常盤、松下の住民と沼津市民協議会は解除差し止めの訴訟を起こしていた。数カ月後に判決の迫る七三年六月、市長に当選した井手さんは計画の取りやめを宣言、防風・防潮林に穴のあくことはなく、訴訟は取り下げられた。

既述のように井手さんが遭遇した課題には科学や技術に関係するものが多い。驚くほどの理解力を持ち、清掃工場、エコ施設太陽熱利用の老人センターや公民館を建設し、一五〇〇席、劇場を思わせるホールを備えた文化センター建設もはたした。演劇好きと技術に強い井手さんが芸術・技術双方向の人脈を動員しての作品であった。

井手さんが取り組んだ行政を環境面から身近な例を二、三紹介する。一つにシビル・ミニマムの設定がある。身近な問題の目標値設定はたとへ必要最小限値であっても成否が問われ、行政手腕や能力が明らかになるために、行政に勇気と情熱、組織力が要求され、市民側からはわかり易くなじみ深い目標とみえる。市民委員による部会がつくられ、私の部会の討議・答申事項は上水道一人当たりの使用量、公園面積、市内緑地位置・面積、空地位置・面積、保存木確認（保存する価値のある大木を自治体がが認定して保護する作業）等であり、委員互選の座長が取り仕切った。井手さんの狙いは、具体的課題解決を目標にしながら、市職員の市民との接触訓練、大量に眠る行政資料の大盤振る舞いにあったようだ。寡黙な井手さんの味な側面である。

井手市政になって石油コンビナート反対運動以後始めての大企業進出があった。富士通富士工場の愛鷹山麓への立地である。「人口増に伴う行政経費は一人当り年間数十万円」と聞かされ驚いたことを覚えている。沼津市民協議会は、大型電子計算機工場進出に多く課題ありとして、市担当者同道で本社工場で直接に企業の責任者に条件を提案した。下流洪水防止施設を設置する、工場名を沼津工場とする、組立て以外の工程を作らない、軍需目的の生産をしない、世界的風景を壊さない工場レイアウトとすること等であった。工場名を宿題にして概ね合意したが、役所職員同道は初めての経験であった。工場名を沼津工場とする通知が後日、市民協に届いた。

シビル・ミニマムと異なり、住民側の問題を行政に取り込む方法にも井手市政は特徴を見せている。二つの事例で見よう。石油コンビナートの折、タンカーから原油陸揚げの基地と予定された大久保の鼻では、石油問題の起きる以前から、標高一四〇メートルの石英安山岩の大久保山での砕石が始まっていた。採石が進むにしたがって、風下の江の浦側に粉塵害をおこし、山裾住民は風雨時の斜面崩壊の危険から、砕石企業が建設した建物への避難を余儀なくされていた。その上、風が強くなった江の浦港では船や生簀の舫《もや》いを増やさなければならなくなっていた。獅子浜側の希望で始まった事業は両自治会と採石企業を含めて複雑な状況になっていた。

私は両自治会、両住民の要請で調査・学習会をやり、NHKに住民・企業と共に出演して問題を広めていたが、井手市政誕生を機に役所内に問題を持ち込むことを提案した。住民代表・企業責任者・私等を含む「大久保山対策委員会」が発足した。もちろん役所のスタッフのサポートつきである。三〇メートル程度までとして跡地の化粧直しと利用の目論見が討議され、十年近く続いた大久保山問題は行政を介して落着をみた。現在ここに南部浄化センターがある。

七四年の七夕豪雨は船出後約一年の井手市政を翻弄した。災害は全市に及び情報・救援・事後対策に問題を多く残し、被災者の不満は鬱積していた。市民協議会は、災害発生のプロセス解明、被災住民の実態と心理過程を追えるアンケートを作成した。被災者名簿から被害のひどい二〇〇〇世帯を抽出、国鉄組合員等約二〇〇名が直接訪問によりアンケートを配布、七九五世帯から回収した。B五版五〇ページの『昭和四九年七月八日集中豪雨による浸水災害についてのアンケート調査報告書』二〇〇〇部が完成した。

これをもとに全市的署名活動、対市交渉討論等、市民・市行政一丸となっての水害対策、県陳情行動の道が開けた。狭間に立たされた井手さんの苦労も実を結んだか、調査書を県に持参した井手さんは、住民が市政に協力するさまに、県知事や関係者の覚えもよく、「県からの予算も付きやすくなったよ」と嬉しそうだった。印刷費のカンパをしてくれた御礼に報告書一〇〇部ほどが市役所にまわされた。学習会・討論集会に市役所内市民フロアーが活用されるようになり、井手さんはじめ市職員も出席しての「沼津から水害をなくす」熱い討論が続けられていった。

3

戦争と平和にこだわって

はじめに
——沼津の人たちへ

私が沼津に来たのは四歳のときだった。慶応病院に小児科専門医として勤めていた父が健康を害し、沼津を養生の地として一家で移ってきたのである。父は、健康が戻ったら東京に帰る気持でいたと思うが、郷土熊本の先輩である故金子病院長のお世話のもとに勤めた後、小児科を開業して沼津を永住の地とした。だから、沼津は私にとって〝ふるさと〟である。

中学卒業に際して私は文科系に進む道を選んだ。当時はそれなりのキッパリした理屈があってのことで、その後の人生に悔恨はないが、医者の長男でありながら医業を嫌った「不肖」の重荷はいまも残り続けている。

大学卒業とともに軍隊に入り、幸いに〝永らえた〟が、多くの友人を失い、青春に抱いた思想も砕けた。沼津の家は空襲で焼けてなく、父の右腕はその際の焼夷弾の直撃を受けて弯曲したままであった。その翌年の夏、父は死んだが、医者になった弟は軍医として南方に残され、父の死を見ることがなかった。「不肖」の思いは一層切なくなる。

戦後は沼津を離れることなく、わがまま一杯の活動を続ける。せっかく勤めた会社を労働運動で首になり、貧しいなかで平和運動、文化運動に熱中し、家を省みることが少なかった。やがて市議会議員、市長と市政に関わる。私にとって政治とは完全に市政のことであった。最も身近で大切でありながら中央集権のもとに苦しむ市政を離れることは、恋仲を割かれるに等しく、遂に県にも国にも目を向けることがなかった。市長を任期中途で辞任したのは所詮わが未熟の故であり、多くの支援者を裏切るものであった。

従って、その後また市政に戻る余地はなく、再び住民運動に生き甲斐を求めた。なかでも長い間の運動や行政体験のなかで得たものを学び返しふくらませながら、ゴミ問題や環境問題、その根底にある自治の問題などで各地を飛び廻っている。

一九八七年、沼津朝日賞の特別賞を受けたが、市民の賞であること、市長辞任後の活動を評価して貰ったことがありがたいことであった。官の賞を受けることはないと思っている。

この本(『永らえて、こだわって』)を、特に沼津の人たちに贈る気持を汲んでいただければと思うのである。

広島・平和の心

〈ヒロシマ〉というとき
〈ああ　ヒロシマ〉と
やさしくこたえてくれ
るだろうか

この四行で始まる詩を広島の詩人栗原貞子さんがベトナム戦争のさなかに書いたことを、日高六郎が教えている。富国の論理に盲《めし》いて、再び軍事に加担する政治状況に向けて、「アジアの国々の死者や無告の民が、いっせいに犯されたものの怒りを噴き出すのだ」とうたう苦痛の深さが胸を打つ。

いま、「原爆の図」に続いて、「南京」「アウシュビッツ」「水俣」と筆をすすめる丸木夫妻の画業を、残酷の一語によって教科書から締め出したとき、かれら富国の盲いたちは、平和の心のひとかけらをも棄てた。

教科書の問題とは、外圧を論じたてることではない。また、その対応が例えば日本車輸出規制を騒ぎたてるさまと酷似していることも偶然ではない。

一九七五年、両国友好のさきがけを念じて中国を訪れたとき、一行が肝に銘じて戒め合ったのは、決して不用意な言葉を使うまいということであった。己を卑しめず、驕ることなく、また、どんなに熱烈歓迎のもてなしを受けようとも甘えきってはならない覚悟であった。

旅行中の雑談のなかで、中国旅行社の責任者が裏山に逃げかくれたろ盧溝橋での少年の日々を淡々と語ったときも、しゃれた言葉に堪能な女性通訳者が滞日時代の東京の青春をなつかしんだときも、そして何よりも中国経済の全体的貧しさに触れた毎日のなかで、それらの歴史の重みは、私自身のうちで解決すべきものとしてあった。

中国のさまは当時とは大きく変わり、中国ツアーもまことに賑やかであるが、政治の推移のなかで、すべての歴史を省みて生まれる平和の心がどれだけ深く宿っているかは、なお日本人の「大事」であろう。

詩は次のようにしめくくられる。

〈ヒロシマ〉といえば
〈ああ　ヒロシマ〉と
やさしくこだまが返ってくるためには
わたしたちは
わたしたちの汚れた手を

きよめねばならない

（『沼津朝日』一九八二・八）

○ヒロシマの被害者意識に閉じこもっている限り、平和への道は遠くなる。
○日本の軍国化をアジアの人びとがどう見ているか、私たちはもっと敏感でなければならない。

忘れんでおくれ

「(八月一五日が) 年々歳々薄うなって過ぎよる。忘れんでおくれって過ぎよる」
—戯曲「精霊流し」の台詞より—

戦争のことがそうであるように、コンビナートのことも〝薄うなって過ぎよる〟のであろうか。今年はコンビナート反対住民運動が勝利して二十周年である。

あの日、一九六四年九月一三日の市民の行動の委細が西岡君の手で八㎜フィルムに残されており、その一部は宇井純監修の映画「公害原論」にも採録されて、多くの人に多くのことを語りかけている。そのフィルムには砂利敷の幹線道路や三輪トラックが数多く写されていて、それらがセピア色の遠い思い出ではなく、僅か二十年前の日常風景であったことに驚く。その驚きのなかに、得たものと失ったものをかみしめることができる。そういえば、片浜の水田に坪五千円という破格の「高値」がつけられたこともいまにして専らなつかしい。

戦争を知らない世代が多くなって、それは人口の推移として当たり前のことだが、侵略を進出と偽ってまで歴史をゆがめ戦争体験を語り継がせまいとするのは、ひそかに再びを意図するからであろう。コンビナートのことも、ただ、関係者の思い出に埋没させてはならないと思う。資本が、住民の判断をごまかしながら自然を我が物にしようとした意味は、市民が対処すべき問題として常に新しいはずである。ひょっとして目の前にあるかも知れない。

「叫び声のあとに無関心が訪れ　豊かさと忘却のなかに　すべてがまた始まる」

―映画「サン・スージの女」タリアの歌より―

コンビナートのあと、当時の斉藤県知事が住民運動の方が正しかったと述懐したのは広く知られているが、時の政府の地域開発政策の中枢にあった下河辺淳までもが、東駿河湾の石油基地化計画は賛成でなかったなどと〝証言〟している。あろうことか。（『証言・高度成長期の日本』上巻一〇七頁参照）

私が携わっている自然保護運動のなかでも、私たちが警告した通りの惨状を招き、その度に不明を謝する弁解を聞くことが多い。詫びられても、わだつみの若ものが還って来ないように、傷ついた自然は傷ついたまま子孫に残されてゆく。無残というも愚かである。

過去を超えるとは、過去を捨て去ることではない。過去を忘却して未来が描かれるはずはなく、現在もまたその日暮らしに移ろうだけであろう。

〝What is Past is Prologue〟

―ワシントン国立公文書館前に掲げてある言葉―

（『沼津朝日』一九八四・八）

○いつまでも過去にこだわることはいけないとされる。が、こだわりを捨てさることはもっといけない。特に他人との関係ではそうである。

プロローグ

一二月八日は常に切実な思いで顧みられるのに、七月七日は殆ど忘れ去られているような状況があるなかで、今年はその五十年目になるということで、改めていろいろに想起された。言うまでもなく、七月七日は七夕でなく、日中開戦である。

静岡県では、映画「侵略」を制作した森正孝さん（静岡の中学校教師）が、伊豆仁科における中国人俘虜強制労働と、その遺骨慰霊のことを「望郷の里」と題する映画にまとめ、その上映を中心として、日中戦争を忘れまいとする集会がいくつか開かれた。

「望郷の里」のなかに昭和二九年の遺骨発掘現場の写真が収録されてあり、そこに当時やがて三十四歳の私の姿もあって、何と若かったことかと感慨を新たにしたが、それが私の戦後史のなかで日中問題に係わるプロローグであった。

連行された四万人の中国人は、当時の外務省報告書によれば、俘虜あるいは拉致された強制収容者であったことが明らかであるのに、政府は国会での追及に対して、「中国に対する宣戦布告はなかったから俘虜は存在しない」と強弁を続けた。戦争といえば昭和一六年に始まったものをいい、それ以前は満州事変、支那事変と片づけられてきた歴史は長い。

他国の領土内に日本の生命線を設け、その権益を守るために武力を行使し、それをやがて中国全土に拡大していった。抵抗するものは不平分子、暴徒として討伐し、鎮圧した。それが「事変」の歴史である。当時の新聞に盛んに使われたのは「暴支膺懲《ようちょう》」＝言うことを聞かない支那を二度と立ち上がれないようにこらしめる＝という言葉だった。中国を侮蔑し属国視する故に、対等国間の戦争ではないとしたのであり、事変と呼ぶことで国際社会をごまかそうとしたのである。

ごく最近でも「侵略」を「進出」としようとする動きがあった。単に言葉の選択ではなく、「事変」とする体質が今もどこかに残っていることから出たホンネと断ずべきだと思う。「戦争」は一億総ザンゲと宣伝しても「事変」の呵責はないのである。

七月七日を忘れまいとするのは、過去にとどまることではない。新しい歴史を真剣に望む故に、そこからこそ出発すべきだとする決意である。ワシントン公文書館の前に書かれている"What is Past is Prologue"という言葉を本欄で紹介したことがあったが（八四・八・一二「忘れんでおくれ」）、中国の言葉も同じである。

「前事不忘　後事之師」

（『沼津朝日』一九八七・七・七）

○仁科の遺骨は、生温かささえ感じるものであった。

○送還された遺骨が果して肉親のもとに届いたかどうか、私たちはその追跡の努力をしないでしまった。

韓国への思い

今年の四月、韓国のある青年が沼津のごみ処理の勉強に来たが、彼は私に一冊のパンフレットを置いていってくれた。それは、一九九二年六月に同国で開かれた〝環境と開発に関するNGOフォーラム〟の記録集であった。

その冒頭に、韓国の環境汚染の歴史を概括した論文があり、そこには次のような記述があった。(抄訳)

「韓国の農民は、伝統的に環境と共生する大事さを知っていた。特に森林の大事さについては厳しく、木を切ることは厳罰(百叩きなど)で処せられ、〝森と共に洪水と飢えのない国土〟を誇りにしてきた。その伝統を根底から覆したのは、日本の侵略的行為であった。日本はまず、造船の材料として松を大量に伐採し、ついで木炭生産のためにあらゆる木を切りアクセスの容易な山々をすべてハゲヤマとした。これによって朝鮮の森林は大減少した。また、日本は米の単作を押し付け化学肥料と殺虫剤を韓国に初めて持ち込んだ」。

現代の韓国の環境問題では、急激な工業化のもたらした、大気と水の汚染が回復しがたいほどに深刻になっているが、そもそもの環境破壊の歴史を、こういう形で記述していることは、私たちに忘れがちな反省を迫るものであり、韓国の恨みのあり方を知る事になる。

私が同志とともに、伊豆仁科の廃鉱山に放置されていた中国強制労働者の遺骨を掘り出して、中国に送還したのは、一九五四年のことであったが、長い間日本政府は強制労働の史実を認めようとしてこなかった。最近明らかにされた資料を見ても、仁科における労働者の死亡率は全国の例のなかでも最も高い。どんなにひどい労働条件であったか想像も出来ないが、実はその中国人より前に、朝鮮人の強制労働があったはずであるのに、その記録は全く求めがたい。当時朝鮮は日本の属国であり、属国扱いのなかで、ひどい仕打ちも当たり前にされたのであろう。いまクローズアップされている従軍慰安婦の問題もそうである。

日本が戦争の中で、アジアの国と国民に多くの痛みを与えたことは、やっとこのごろ公的にされ始めたが、歴史の重さを知ることは何よりの第一歩であろう。静岡でも〝七三一部隊〟を究明する集会が計画されているが、戦争のもたらす狂気は、何度でも繰り返し語り継がれるべきである。同時に闇に包まれることの多い朝鮮のことも、それ以上に忘れてはなるまい。

沼津に来た青年は〝経済正義（エコノミック・ジャスティス）を求める市民運動〟で活動していると言っていた。沼津に来る前に大阪などの巨大焼却炉を見て圧倒されていたが、それとは対照的な沼津のごみ処理を見て何を感じて帰ったであろうか。工業化に走る韓国のなかで、どのように経済正義を貫こうとするのか、その後の消息を知りたい気がする。

中国人への詫び

戦時中に強制労働させられ、苛酷な条件下に亡くなった中国人の遺骨が、伊豆仁科の山中に放置されていたのを発掘し、故国に送還したのが一九五四年（昭和二九年）のことだった。今年はそれから四十年目に当たる。強制労働が始まった年から数えれば五十年である。

その節目とあって、今年は当時帰国された中国人の代表を招いて、慰霊の集会が行われる。七月三日、西伊豆町での慰霊集会を終わったあと、四日には香貫の霊山寺にも寄られるとのことである。

霊山寺は、当時発掘した遺骨の慰霊を盛大に行った寺であり、ご住職の二宮さんは、その遺骨の送還のため、中国にも渡っていただいたのである。その霊山寺での慰霊祭には、当時の平和運動者はもちろん、行政関係者や政治家たちも、随分と多数が参列してくれたことを思い出す。今度の慰霊の行事にも、多数の市民に加わっていただきたいと思う。

戦時中、中国人を強制労働に〝拉致〟してきた事実は、紛れもない日本の犯罪でありながら、長い間、政府はその事実を認めようとしなかった。今日では、日本のしたことを謝罪することは当たり前になってきているが、それには実に苦難の月日が必要だったのである。

私たちが、若い力を精いっぱいに出しあって、犠牲となった中国人の遺骨を故国に送還したのは、日本人としてのせめてもの罪の意識を大事にしたかったからにほかならない。私も職を失って、貧乏暮らしのさなかに三十四歳の青春を燃やした。当時の思い出を一九八七年に〝いいたい〟欄に書いたが、その題を〝プロローグ〟とした。それは、ワシントンの国立公文書館前に掲げられていると聞く「What is Past is Prologue」から取ったものであり、中国にも同じような言葉として「前事不忘　後事之師」という言葉があることを紹介している。

四万人を超えるといわれる中国人強制労働の史実は、次第に明らかになっているものの、すべてが解明されてはいない。残念ながら資料が確実ではなく、小出しにしかされない。中には、〝花岡鉱山事件〟のように喧伝されているものもあるが、西伊豆の場合も、まだはっきりできないことが少なくない。ただ、各地の強制労働のなかで、犠牲者の割合が最も多いことは事実であり、それだけ状態は悲惨であったのだろう、と想像する。

また、おそらく、中国人の倍以上に苛酷な状態だったのだろう、と思われる韓国人強制労働の実態が、闇に包まれたままな事が気になる。

四十年、五十年の月日を超えて失ってはならないことがある。その思いを抱く方は、七月四日午後二時に予定されている霊山寺の訪問の時にお出掛けいただければ、とお願いしたい。そういえば、今年は石油コンビナート闘争から三十年の記念の年でもある。

疎ましき八月の記

今年（一九九五年）は、沼津の空襲で深手を負い、その後一年にして亡くなった父の五十年忌に当たり、当時二十七歳であった私が来年は〝喜寿〟を迎えるほどに永らえて「親の五十年をやる不孝」を味わうことになる。

熊本の出で、東京で小児科医をやっていた父が転地療養のため、沼津の先輩を頼って一家で移住してきたのが始まりで、当初は二年くらいの予定だったらしいが、そのまま沼津人となり、菩提寺も乗運寺にお願いして、そこに眠る。

私は沼中を出たあとは家を離れた下宿生活で、大学卒とともに軍隊に入ってしまったから、家族と共の暮らしは途絶えていた。戦後軍隊から帰ってみると、家も焼失し、父は焼夷弾の直撃を受けて右腕を骨折しており、港湾近くの仮の家に、父母と妹の三人がわび住まいしていた。

父は頑固な反戦論者で、日本が無謀な戦争に突入することを大変怒っていたが、同時に戦争に入った以上は絶対に勝たなければならない、という信念も一入《ひとしお》強かった。それは、大正の時代にドイツに留学して体験した、敗戦の惨めさ、インフレの怖さが身に染みていたからだと思う。

二人の息子を戦地に送り、人手不足のなかで病院を守り、空襲下では敵機を睨んでいたという父が、無残な敗戦、病院の焼失、自らの負傷などの失意の日を、どのように耐えていたのだろうか。医業を継いだ弟は南の戦線から何時戻るとも知れず、私は自分の「不孝」のほどを知るなかで、もはやこの家族と離れるわけにはいかないと、沼津で生きる覚悟を定めた。

もともと体の弱かった父が、敗戦の痛手と骨折で、命をより縮めたのであろう、一年の後に六十歳で死んだ。その最後は家中の誰もが気づかない程に静かなものだったが、父が不自由な左手で書き続けた日記の終わりに

聞くならく　西方浄土　あるとかや

と記してあるのを見て、私は言葉を失った。

一心に支えた夫を先に送った母は、早く逝かないと姿を見失う、と口癖のように言いながらも、歌詠みと謡の勉強に余生を送り、八十八歳の長寿を満たした。その母が昭和五〇年ころに詠んだ一首

敗戦記念日　夫の死
喜志子忌とつづく
われに疎ましき
八月来る

(喜志子は歌の先生だった牧水夫人のこと)

母は頑として〝終戦〟という言葉を〝曖昧〟として拒否し〝敗戦〟と言い続けたが、そこに懸命だった人生の痛切な思いを感じる。今年はその母の十三年でもある。

沖縄と沼津

ベトナム戦争の最中、戦火の傷痕の生々しい兵士や兵器が次々に今沢の海岸に上陸したことを覚えている方があるだろうか。私は何度かその姿を目にして、その戦火のすさまじさに驚いたことを記憶している。

ベトナム戦争を戦った米軍は、沖縄から出動し、帰りは（沖縄には寄らずに）今沢に上陸し、東富士で戦後を癒したのであろう。ベトナム戦争と日本にある基地との関わりは大変に深いことを知る必要がある。

市長時代、沖縄での会合があったときに、その米軍の出動基地が「ハンセン」という名だと聞き、その地を訪れた。もとより中に入ることは出来ず、門の前にたたずんだだけだったが、ここを出た軍隊が今沢に来るのかという切実な思いで、その姿を眺めた。以来、「ハンセン」という基地名は頭を離れない。

その名が今再び身近なものになろうとしているようだ。沖縄に駐留する兵士が日本の少女に暴行したという事件をきっかけにして、沖縄の基地撤退運動がようやく本格段階を迎えているが、そのなかで、「ハンセン基地」の実弾射撃訓練も大きな槍玉に上がっている。私が行った当時（二十年前）から、その射撃訓練に抗議して着弾地に死を覚悟して入り込むという行動がとられていたが、その必死の抵抗運動が実りそうである。

というのも、ハンセンに代わる訓練地が考えられるからであり、その代替え訓練地として、東富士演習場が候補になっているようだ。そうなれば、またしても「ハンセン」の部隊が今沢に上陸するのであろう。「沖縄がだめなら東富士」では、このしがらみを抜けることは不可能である。

沖縄が本土復帰の切実な思いを形の上では実現したが、基地の存在はますます重くなっているようだ。本土並みになったのは、豪雨のようと表現される土木事業と観光ラッシュであり、基地が返還されても、土地謄本とか、地籍簿がすべて焼失していて、元の所有者を特定できないでいるという悲劇も続く。長い基地依存の体質を変えるのは容易ではない。

一般に、ある体質とか、システムが続くと、それからの転換には大変な苦しみが伴い、既存の体質やシステムのままの方が楽だということになりかねない。システムを作る怖さである。私たちが石油コンビナートの進出を拒否したのは、一度来られたらお仕舞いだ、苦しくとも事前に事を決めようという覚悟を、当時の公害先進地から学んだからであった。

沖縄も東富士も、基地の体質から抜け出すには大きな覚悟が要るだろう。それを私たち自身の苦しみとして、よそ扱いしないようにしよう。

“国が消えた日”

一二月八日という日に平和の大事さを心に刻み込もうとする催しが市民文化センターで開かれ、そのなかで、戦争中、東京麻糸沼津工場に動員されていた韓国少女のことを、民芸の俳優が一人芝居の形で上演したのを見た。

麻糸にそういう史実があることを知ったのは、今年（一九九五年）の秋、畏友の久田二郎君から聞いたからであるが、久田君の話は、かつて沼津で校長も勤められた野中先生の娘さん（福岡で弁護士をされている松岡さんという方）が、そういう韓国女性に対する日本政府の謝罪と賃金の支払いを求める裁判を起こしておられ、麻糸のことを調べてほしいと依頼があり、当時のことを知っている人を尋ねているのだと言う。

彼がそのことを九月一五日の「言いたい」欄に書いたこともあって、その後、いろいろな情報が集まり、裁判の資料として活用されているという。

一人芝居の荒牧さんもそのような調査を自分の足でしている人と聞いて私は何をおいても見たかったのだが、芝居の台詞のなかで、私が感銘を受けたのは「突然に敗戦となり、そのとたんに国が消えた」という少女の述懐の切なさである。

勤労挺身隊に入れ、と担任の日本人教師から勧められ、断りもならず、親とも引き裂かれて日本に連れて来られたのは、彼女たちが国民学校六年生のとき、歳で言えば十三歳の時だったという。

沼津の麻糸には三人の少女がつれて来られた。苛酷な運命のなかで、いきなり敗戦となり、それまで彼女たちをがんじがらめにしていた「国」は何もかもを放り出して、存在を消したのである。失意のなか、彼女たちは独力で故郷に帰る算段をしなければならなかった。「国が消えた」という実感は、今にして私たちの胸に突きささる。

私は、かつて（一九五四年）伊豆仁科の鉱山に強制労働させられた中国人が、多数の死者を出しその遺骨が山中に放置されたままになっていることを知り、同志とともにその遺骨を発掘・慰霊して本国に送還したことがある。それも、国に代わっての日本人の謝罪の一節であったが、その中国人以上に苛酷な運命にさらされたであろう韓国人についての記録はさらになく、すべては闇のなかに隠されていて、それに対してはなす術のないことを、その時以来の重荷に感じ続けている。

おそらく、韓国は属国である故に、いい加減な扱いで済ませていたのだと思う。だから、私には仁科の闇は麻糸の少女の運命と重なるのである。

あの日、「国は消え」その不連続のなかから今もアジアの人を逆なでする言葉が吐かれる。

アメリカは大国の論理を押しつけるな

長崎に落とされた原爆によって、肉親を奪われた奥さんが
「このままでは死んでも死にきれないよ、アメリカ兵の喉笛に食らいついてやりたいよ」
と云う怨念が
今は平和の祈りとなって清らかに響く

［意見広告］　元沼津市長、元海軍主計大尉　井手　敏彦

解題　反戦平和の思想を貫いた人

奥村　吉明（会社役員）

二〇〇三年三月のある日、井手さんからイラク反戦の意見広告を出したいとの連絡があり、駆けつけました。それは、亡くなる一年前のことで、井手さんは既に深い病魔に冒されていました。それにも拘わらず全身麻痺の奥様から片時も離れず、十年以上も看病を続け、身体はボロボロになっていました。言葉は不明瞭で聞き取りにくいなかでも、ベッドから起き上がり眼だけはキラリと光るその姿は鬼気迫るものがありました。

そのなかで渡された文章が前頁の意見広告であり、井手さんのアメリカ政府と日本政府及び市民に対する最後の乾坤一擲のメッセージでした。アメリカの大国主義が膨大な核兵器と軍事力を背景に、イラクの何十万といわれる民衆を殺戮し、主権を侵害する行為には、正義のひとかけらも存在しません。しかも、そのアメリカの大国主義に追随し、イラクに自衛隊を派遣し侵略した日本国家の大義なき暴挙に対して、病魔と闘いながらも座視できない怒りと受け取りました。

また、そこにはかつての中国への侵略に続くアジア太平洋戦争において、帝国主義軍隊がアジア各国を蹂躙し、残虐極まりない蛮行を繰り広げた加害者としての日本国家の責任、それに心ならずも加担した井手海軍主計大尉としての呵責の念が凝縮したものと考えます。

敗戦後間もなく、井手さんは労働運動、平和運動、文化運動と、あらゆる分野の運動に携わりましたが、その底流には反戦平和の思想が原動力としてあり、たえず地域住民の立場に立って、住民の声に耳を傾け共に行動するヒューマンな姿がありました。その成果が沼津三島コンビナート反対闘争の勝利であり、ゴミの沼津方式の成功であったと思います。

さらに井手さんの業績のなかで特筆すべきこととして、中国人殉難者の遺骨返還運動がありま す。太平洋戦争末期において日本政府は、中国人俘虜及び無辜の市民を強制連行しました。その数は四万七千人にも達し、過酷な労働により殉難した人達は三〇%にも上るといわれています。静岡県でも西伊豆町仁科の山中、白川地区において、劣悪な労働環境と食糧難のため餓死者が続出し、一七八名のうち八二名が現地で亡くなりました（中国を発った時は二百名であったが、途中の船内や車中で二二名が死亡しており、死亡率は全国一といわれている）。さらに、死亡者の年齢をみると十八歳から五十歳までの働き盛りの人達です。

この日本帝国主義の暴虐による殉難者の遺骨を発掘収集し中国に送還する事業が、井手さんが責任者を務める平和連絡会や日中友好協会が中心となり、一九五四年に発足しました。富士市田子の浦における五二名の殉難者と併せ計百三六柱の合同慰霊祭が沼津市で行われ、静岡県知事や地元選出の国会議員、県東部各市の市長、国労沼津支部など多くの市民団体が参加し、殉難者を偲ぶ夕べ、講演会、映画会、灯篭流し供養など、地域住民を巻き込んでの大規模な運動に発展しました。

あれから五十年を経た今日でも、白川地区の人達、日中友好協会、伊豆各地の市町村長はじめ多くの人々の手によって、毎年七月に中国人殉難者慰霊祭が執り行われています。小泉首相が靖国神社参拝を繰り返し、改憲が声高に叫ばれ、国家主義が台頭するなか、伊豆山中で五十年もの間連綿と引き継がれている反戦平和の運動は特筆すべきものと思います。殊にそれを底辺で支えている白川地区の人達に市民運動の原点を見る思いがいたします。

国家の中央集権機構が強化され、沖縄や国内の基地移転問題、輸入牛肉問題などにみられるように政治がアメリカ主導の方向に強く傾くなか、自分の選挙区のことしか頭にない政治家に私たちの将来を委ねるわけにはまいりません。私たちはその対抗軸として、たえず下から、地域からの視点に立ち、様々な人々と連帯し、変革を進めなければならないと考えます。それが井手さんの思想を今日的課題として考える一歩であると思います。

4

文化と暮らし

解題　井手さんを偲ぶカーテンコール

――ふたつの女難劇の幕間より

岩崎　直（演出家）

のぼりくだりの東海道を浅間（神社）さんから南へ海の方に曲がり沼津駅から港湾までの鉄道引き込み線・蛇松線が千本浜公園の緑町で交差する踏切のある線路脇に井手家があった。先代が開設された小児科医院が戦災で焼失するまでそこに建っていた記憶が幼時の記憶にある。わたしが長じてこの家に通いはじめた昭和三〇年代の頃の昔を想起するとき静止画像の如く鮮やかに思い浮かべられる在りし日の井手家の前庭からの光景は芝居で見た文学座の〝華岡青洲の妻〟の舞台面とそっくりの額縁風景として現れるのである。

そのセットは下手側から座敷と居間が居並ぶ間取りで東向きの濡れ縁には庇から藤棚の茂みが垂れ季節によって厚く垂れ下がっている。上手側の居間に大奥様けい夫人が老眼越しに書簡を改めている。片や座敷側の縁先ではヤンチャでチビで胴長短足が売りの洋犬のマナー教育にかまけている他愛ない敏彦&文子の若夫婦が目に入る。前庭植え込みの敷地内に片屋根の小工場が建っている。井手さんが先年の争議で東芝・馘首の同志と謀って立て籠もったガリ版印刷業・とき孔版（後年の緑プリント社）である。この建物は工場廃棄後に沼演研の芝居小屋に継承され、明治天皇に公害を直訴した田中正造のドラマ〝明治の柩〟などの芝居がここに生まれた。

もう一度追想の風景を邸内に戻すとそこには平穏な井手家の外面が窺える。がその平和な水面下に嫁と姑間の確執のホームドラマが併せて進行しているのが観客？・の私にも伝わってくるのだった。天才青年医師華岡青洲の母と妻。したがって姑と嫁が我が息子我が夫の為ならばと麻酔医学の実験に献身を競うドラマ。姑けいこさんは井手医院の賢夫人／牧水門下の閨秀歌人／能楽・宝生流師範の才媛。一方文子さんは元細川家々老血筋のお姫様で手芸／洋・和裁／調理と女芸万般を修めた女性。われら平凡な家庭内にあってさえも往々にして女性二人が両雄相立たずの例をみる。これを上回る両雄間の相克の内幕はいかばかりであったか。

その頂点の場は井手さんが政治の道への志向を決断した旨を御二人に伝えた第何幕かであったことを私はご両親から述懐の後日談で伺いその景を思い描くのだった。一市会議員から発足し地方都市の革新市長へと推移する激動の多幕に晒される主人公の背景には藤棚の庭前の静謐な風景にすでに秘められた波乱の序幕のように思える。お家の事情を短絡的に井手家と華岡家の場合と比べられないが主人公に押し寄せた母性愛の大津波は人生で遭遇した女難の一種として共通していると見えた。

また別の一幕。五十年前の沼津の町には自主的な演劇集団がなかった。東芝機械で職場演劇サークルを指導していた井手さんがアマチュア劇団を創成すべく市内の青年に呼びかけテキストには岩波新書『新劇』演出家・下村正夫著を選んだ。同じ町内にバレエ教室を開設した久仁宏さん（本名＝湯山邦宏）との出会いもあって二人が指導者で演出家でスタートしたのが沼津演劇研究所であった。

一九五五年の旗揚げ公演以来今年二〇〇五年には五十周年記念公演を果たしている。幕開けの数年後に集団は試練のドラマに直面する。初演舞台の主演女優が演出者久仁さん（独身）と同棲していることが女性の母親からの苦情で発覚した。その母親は井手さんの小学校の恩師であった。当時若年の劇団員には背負い切れない事件や問題を抱えひとり苦慮されていた演劇の師として井手さんを偲ぶ女難劇ふた幕の開陳である。いちど井手さんを役者に配役し、芝居の稽古場で苦渋に満ちた表情に演出上のダメを出したかった。「もっと笑顔を！」

〝生き方〟としての文化
——運動の系譜から

口はおろか、心を閉ざすことも大変な勇気がなければならなかった。それさえも見逃さない統制・管理の状況がつくられて、教育も思想も、文学も美術も音楽も、もろもろが聖戦に酔い侵略行為を正当化し、そして私もまた国家に殉じて戦った。省みて深い悔恨であり、あれは文化の無残な姿であったと思うゆえに、戦後の「平和と民主主義」を守る上で、究極はそれを文化のこととして見定めることが大事であった。

戦後の文化は、一人ひとりが「平和と民主主義」を守るためにいかに係わるかという生き方のなかに形づくられたと思う。労働組合や地域に必ず文化部があり、それは決して余暇やなぐさみではなく、組合や地域の活動の主流をなす重要な意味をもっていた。多くの文学作品が生まれ、何気なく合唱や演劇が試みられ、空腹をおさえてボールが追われた。

例えば、まだ焼け跡の空地だった大手町角で、僅か四、五人の仲間で原爆展を開いたことがあった。あるものは丸木さんの〝原爆の図〟を懸命に模写し、あるものは峠三吉の詩を何枚もの模造紙に書き連ね、あるものは終日歌をひびかせ、皆が思い思いに燃焼してみせた。

文学、合唱、映画、演劇、数々のサークル活動は、当時の解放感とロマンチシズムのなかで燃えたものであったが、その余波は後のいろいろな市民の生き方のなかに深く係わりを持ち続けてきたと思う。

決して振り返って懐かしんでいるのではない。そういう仕業が「平和と民主主義」のためにどれだけ大切かということ、そのような文化活動が少なくなってゆくとき、再び教育の管理や思想の統制が頭をもたげてくることを、心をこめて伝えたいのだ。良い子、悪い子の宣伝は、いま「核の時代」とともに、盛んとなった。そして、国際ペン東京大会は「核状況下における文学——なぜわれわれは書くのか」をメインテーマとした。

国際ペン大会のホスト役をつとめられた井上靖さんの展覧会が、大会の期日に合わせて東京のデパートで開かれた。私は最終日にやっと見ることができ、詩人と美術家が、お互いに触れ合う感動の真剣さに粛然とするものを覚えた。そしてペン大会のことで毎日新聞社長さんと対談されたなかの井上さんの言葉を思い起こした（五月一四日付毎日新聞参照）。

〝文学が人の生き方の大きな参考になる時代ではなくなったのか、そうした作品がないからなのか〟一つのことに、とても深く感動してはいられない、精々のところ心のひだをかすめて通るくらいの接触でしかない、という状況は、現代の価値観の多様性に帰せられるものではない。多分、情報の過多とスピード、なかんずくテレビの作るスタイルなのだと思う。悲喜、硬軟、何の脈絡も思想もなく、ひたすらバラエティに富んで次から次へ押し寄せ、CMも見境なく放りこんで、すべては一過性であり、それ以上に重くあっては困るのである。軽薄短小とはよく言った。

市民文化センターができて、旧公会堂では望み得なかったさまざまな催しに接することができる。歯を食いしばって文化活動をしてきた私たちにとって、いささか大仰《おおぎょう》な言い方をすれば、永らえてよかったと思うほどの時を迎えている。だが、中央でつくられ、商業主義のルートのみが卓越して、次々に訪れるものが私たちの生き方と何の係わりもなくただ賑やかに通りすぎてゆくだけならば、沼津の文化にとって何の意味があろうか。そんなことを私たちは望んだのではなかった。大きなものや興行的なもの以外は閑散としている文化センターには、心配したようにソフトが欠けている。

「一・二・四・六・八」という数字の系列を見たことがある。東京への集中度をあらわす数値で、「一」は人口のことで、日本の人口の一割が東京に集まっていることを示す。「二」はGNP、「四」は卸売の取引高、「六」は大企業の本社所在数、そして最も高い「八」という集中度にあるのは文化だという。八割といわれて驚くが、改めて身の回りを見ると、なるほど八割方、あるいはそれ以上のものが東京産、東京発だという実感がいなめない。

地方の文化に触れて、目の覚めるような興奮、息の詰まるような感動を覚えることがある。〝よくぞ田舎に〟と思い込むのは浅はかなのであって、田舎であり中央から離れているからこそ、年月かけて営々とした文化が形づくられているのである。情報と交通のメディアが、専ら集中と侵略の役割を果たし、地方にとっては不幸な結果を招いた。全くの隔絶では不毛にとどまるかもしれないが、交流が程度を超えると今度は根こそぎになる。

どの程度で根こそぎになるかは類型学的に面白い研究だと思うが、田舎の自負みたいなものが、大きく作用するに違いない。それが文化を護持しているのである。自負を省みる余裕がないほどに今日のメディアは強力であるから、負けないためには、それなりの意識化が必要であろう。

分権だとか自治だとかが地方の再生の鍵といわれるが、そのためには、中央は決して上位ではないことをわきまえることから出発しなければならない。

「行政の内部に文化的視野を導入する」という市の方針は、どのように具体化しているだろうか。私たちの目に触れるものが、かの明治史料館やコミュニティ道路、やみくもに飾られる壁画？ であるとすれば、淋しいことである。造られるものが破壊的になるのはそれが風土と人間の生活に根ざしていないからである。

文化は自然のままではない。自然に働きかけ、土を耕すようないとなみのなかに形づくられる。だが、ネイティブ（土着性）を軽んじ、否定し去ろうとするのはシビライズド（文明化）であって、カルチャーの目指すところではない。だから自然を愛し、土着を喜び、風土を破壊することに対して猛然と反発する。分権、自治とともに、自然保護やエコロジーも今日の重要な文化のテーマとなった。

石油化学コンビナート反対の住民の立ち上がりは、その意味で史上最高の文化運動であった。民衆が学習を積み重ねて権威に負けない判断力を身につけたことも、まさに文化性の発揮であった。

コンビナート推進派の倫理は「富と繁栄」であったが、私たちも決して貧しさをよしとしたのではない。いうところの富と繁栄が、名目的所得やＧＮＰで表されるものの空しい増でしかないことに惑わされなかったのであり、また、それによって失うものの大きさを知って、生命がけで反対したのであった。

日本の海岸の半分以上が自然を失った。事の重大さに驚いて、いま各地で人口渚づくりが大童に行われている。なかには、失ったことへの悔恨を込めて真剣に進められているものもあるが、その回復には莫大な費用がかかるのに困っている。大方は、コンクリート護岸を渚ふうに装うニセものでしかない。似而非というのは、そこには渚の生きものがいないからである。

自然保護とは、人工や開発を単純に拒否することではない。目の前の、たかが五年や十年の所得(フロー)ではなく、五十年、百年の財(ストック)を大事にしようということである。まして自然を商業主義に売り渡すことは取り返しのつかないこととして拒否する。六月の八日から今年(一九八九年)の全国自然保護大会が信州で開かれた。〇建設、△商事、×交通等々に隙間なく占領された信州で、「守ろう自然、取り戻そう資本の手から」という大会のスローガンが掲げられ、取り戻そうと苦しむよりは、渡さないことの大事さを改めて痛切に思い知ったのであった。

文化とは、自然の大きさと悠久と不思議のなかに人間として共生することである。ここ二十年ばかり、日本はそれをないがしろにして進んできたし、なおその道を走って「技術」が何とかしてくれるだろうと、空しい期待を持ち続けている。都市問題や資源の問題を、技術論でなく、文化論で解決することを考えないと、矛盾は一層ひどくなるだろう。そして、文化の問題として組み立てるとすべての錯綜したものが解けてくるはずである。

ジャーナリズムの谷間に

時流とレジスタンスをめぐって、新聞ジャーナリズムと雑誌ジャーナリズムが截然《せつぜん》と分れ、きびしい対比を示したのが昨年の言論の様相だった。毎月の雑誌には、多くの学者、評論家、芸術家が烈しい言葉を以てファシズムの脅威とその暴虐について訴え、平和を叫び求めた。もとよりそういうものは新聞にも見られはしたし、また新聞は言論の拠る大きな場所ではないとしても、これらの言論を総動員した雑誌の行き方は、明らかに新聞とは大きな差があった。

戦時、ファシズムが『中央公論』『改造』の弾圧をもって已れに敵対する言論の最後の息の根を封じたことを思い合わせると、このジャーナリズムの様相はまた実に危機の様相でもある。新聞とラジオの巨大なマスコミュニケーションに比較したとき『世界』が十万になり『平和』が六万出しているとしても如何にも小さい気がする。しかも雑誌が矢張り一般にとびつけない難かしさを持っているとすれば、この危機を守り抜くのは、二つのジャーナリズムの谷間を埋める何かの方法である。

『沼津朝日』のような行き方にそれを望むのは無理であろうか。

ニュースの背後にある動向に目をむけさせ、世界の状態なり国内の情勢が、この沼津にどのような形で反映し、それぞれ市民がそれにどう答え、行動してゆくか、そのような系列のもとに、ニュースを通じ、お互いの言論を通じて市民生活を高めて行く——そのようなジャーナリズムこそ真に市民の中に生き、その媒体として力強く伸び得るのではなかろうか。またそのようなジャーナリズムこそ前述の谷間をうめて今年の黎明をもたらすものではなかろうか。

チャオ・公会堂

新しい市民文化センターのオープンとともに、市公会堂が閉鎖され、やがて取り壊されることとなった。先日、市民劇場の例会で、「次の例会はいよいよ新会場です」という案内も聞いて、改めて遠かった道のりをじっとばかりに思い起こした。

市公会堂ができたのは昭和二八年。それまでは、苦労して学校か、映画館を借りるしかなかったから、その開設は胸のふくらむ思いであった。使用条例の議会審議を傍聴に行ったとき、民間施設に比べれば使用料はもっと高くすべきだ、という大方の意見を、文化とはそういうものではないと一蹴された故山本清議員の毅然とした姿を大きな感動をもって見つめたことを今でも忘れない。

しかし、コンクリート打ちの外観が建築界では評価されたりした公会堂は、いざ使ってみると欠陥だらけであった。

当時市にはその企画がなく、〝こけら落とし〟は、気負った私たちが全く独自に計画して前進座をよんでやったのだが、観客は昼夜超満員だったものの、内実は散々であった。どん帳のスピードが間がぬける、照明操作ができない、楽屋が狭く通路がない、外や廊下の音がモロだ、窓から外光が入る、台詞が客席に通らず、七月の暑さに観客が卒倒する、といった具合で、終演とともに精魂つき果てた。

そこから、毎年のように改造要求を出し続けることになる。大改造、小改造、合わせて無数といっていい、その跡は公会堂の隅々にまで辿ることができよう。

なかでも、冷暖房装置の取り付けや、外部音の遮断は、多くの苦労を要したが、音響を直すことは遂に不可能であったし映写室は存在さえ全く忘れられた。主催者は常に言い訳を覚悟し、居たたまれぬ思いを何回も繰り返したはずである。

そのような悪条件の下で、情けなさを十二分に味わいつつ、歯を食いしばって頑張ってきた文化団体の諸君である。その辛い体験が新文化センターに一直線につながり、その思いの切実さが、細心の慮りをよぶだろう。そうでなければならない。

市民劇場の公会堂最後の芝居も、偶然にも前進座であった。そして、新会場に移っての最初の芝居が、沼津の橋田寿賀子脚本、三島の長山藍子主演というのもうれしい。今や三十年の歴史をとじる公会堂。ともあれ、長い間の活動の場であった数々の思い出とともに、しみじみと別れを告げよう。

そして、一貫して公会堂にあって、みんなの活動に最大限の手をさしのべてくれた金子君に感謝とねぎらいの拍手をおくりたい。

されば友よ、旧きに惜別し、新しき展望に燃えよ。

芹沢さんの帰郷の日

一九七六年五月のある日、我入道公会堂に「歓迎　芹沢光治良先生」の垂れ幕が掲げられ、自治会役員が顔を揃えるなかに緊張した面持ちの芹沢さんが迎えられ、ほぼ六十年ぶりの双方の対面が行われた。初めの雰囲気はまだ硬かったが、わだかまりが消えて行くのも早く、それが八十翁芹沢さんの「帰郷」の日となった。

その前一九六三年に芹沢文学碑を我入道海岸に建てたのは、芹沢さんの母校沼津中学校の後輩にあたる岡野喜一郎さん（元スルガ銀行頭取）たちの偉業であり、芹沢さんを、棄てた故郷に結びつける大きなステップとなったものだが、その時はまだ我入道の誰ひとりの参加もなく、碑には「はるかなるとつくにを想へり」という芹沢少年の昔の思い出が刻まれた。故郷との氷解にはまだ歳月が必要だったのである。

私の市長在任の間の念願の一つは、芹沢さんを何とかして故郷に迎えたいということだった。そのためには、我入道の人々が時代や生活も違ってきた今日、過去へのこだわりを捨てて貰うしかないと思い、その可能性を求めて幾度か我入道自治会に打診した。その願いを聞き入れ、重かったであろう腰をあげて準備してくれたのが七六年の会合だった。

対面が実現したことで私の仕事は終わったが、その後両者の交流は急速に進み、我入道の人が芹沢さんを郷土の誇りとするに至り、その名誉市民推薦にも奔走し、やがて自分たちの手で新しい文学碑の建設を始めた。

一九八二年に完成したその碑の序幕には、芹沢さんのにこやかな顔が地域の人に囲まれてあり、碑には「ふるさとや　孤絶のわれを　いだきあぐ」という万感溢れる絶唱が輝いていた。

新旧の文学碑の間にある二十年の間隔がその推移を示しているが、故郷は決して冷たくはなかったことに感慨を深くするとともに、あの時よくぞ踏み切ってくれたという我入道自治会に対する感謝の気持ちが新たである。

「劣情」論を省みる

――駿河湾会議夏季合宿のなかで

七月二八・二九日、井川山中のキャンプ場で駿河湾会議の夏期合宿を行った。駿河湾会議のことは前にも本誌に紹介したが、静岡県内でさまざまな住民運動を続けている仲間の連帯の集いで、原発・環境破壊・地方自治・有機農業・水車小屋・冤罪事件などにそれぞれ取り組みながら、お互いの交流と共通の討論の場をつくっている。浜岡原発の使用済み核燃料の海外搬出を阻止することをきっかけとして発足したもので、未だ二年経っていないし、夏期合宿も二回目である。研修もやり、遊びもそれなりにという欲張ったプランで、大人五三人、子供二二人という、予想をはるかに上回る参加者があったため、いささか大賑わいでテンヤワンヤしたが、これだけ集まったのが何よりの成功だと喜んだ。

静岡から自動車で二時間という山奥で、新しくできた〝県民の森〟はロッジ・テント・炊飯棟・水洗便所と整いすぎるほど整い、どうやら管理されそうな雰囲気にあったが、まだ来る人も少なく、自然は豊かであった。緑もさることながら、私は「虫」の多様さと美しさに目を見張った。草原に坐っていると次から次へ沢山の虫が膝に這い上がって来たが、それらが実に美しく、虫と言えばゴキブリか蚊を目の仇にしている日常のなかでは思いもかけない新鮮さで、〝神秘〟の感に打たれた。それを仲間に話したら、オレも便所の壁にとまっている蛾の美しさに見惚れたと言っていた。

講師は鈍行で来た

合宿での講師には京都の槌田劭さんをお願いした。槌田さんの「使い捨て時代を考える会」を中心にした活動は良く知っており、その生《なま》の話を聞くなかで、私たちの生活・行動のあり方を学びとろうとしたのである。

槌田さんは新幹線を使わない。今度も京都から静岡まで鈍行を乗り継いで来られるという。しかし会場まで駅から二時間かかるから、それだと夕方になってしまう。おそくとも昼前には静岡に着いていただきたいのだがとお願いしたら、それならば前夜に静岡まで行くと言われ、結局、鈍行で夜十一時ごろ静岡に着かれ、会員宅で一泊していただいた。翌朝、槌田さんは朝早く近くの山に行き、野草をとって来てそれをジュースにして飲んだそうである。そして合宿で一泊のあと早朝に出発して、また東海道線で東京に向かわれた。

私も、東京往復は新幹線を使わない。だが、京都や大阪に行くとなると、当然のように新幹線ということになる。近頃の列車ダイヤは、在来線がきわめて不便に組まれているから、京都―静岡間で四回くらい乗り換えなければならないし、約六時間かかる。新幹線は一時間に二本も三本もあって僅か二時間二十分。在来線で行って一泊するとなると、新幹線特急料金の方が安いことにもなる。

どこから見ても新幹線を利用させようという仕組みが整っていて、皆がそれに馴らされるのである。東京までぐらいはその仕組みを拒んでも、京都までとなると〝勇気〟がない。断じて乗らないという槌田流は、現にお招きしてみて大変なことだと痛感した。

もっとも、私も平然と新幹線に乗っているわけではない。心平らかでなく、特に名古屋市内を走るときは、あの騒音訴訟の人のことが重荷になるが、それにしても乗ることに馴れてしまうのである。

「劣情」と指摘されて

合宿での槌田さんの話のなかで「劣情」という言葉が出て来た。槌田さんの話は生活向上を闘っている労働組合のなかでは受け容れられないのではないか、と会員が質問したところ、そのような生活向上とは「劣情」であると言われたのである。「劣情」ときめつけられてショックが走ったが、この討論は今後も会員のなかで繰り返されることであろう。

一昨年だったか、日教組の教研集会の席で〝豊かさの反省〟が論議されたとき、ある政党系の講師(助言者)が、豊かさなどとんでもない、日本の労働者はなお悪い労働条件、低い生活水準にあり、もっと生活向上のための闘いを強く推進すべきだ、と大声をあげたという(また聞きであるが、ありそうなこととして受け取る)。

たしかに、今日の水準は、もういいというほどに高くなっているとは思わない。特に、未組織や零細企業の労働条件、所得は低く、近頃の景気のなかでの苦しみはより深くなっているし、流行の下請けやパートタイム労働も全体の水準を低くする影響を与えている。しかし、大企業、大労組の獲得したものが、かなりの豊かさであることも事実であろう。政府とともに労働組合もまた、欧米に追いつけ追い越せを目標としてきたのである。追いついたか追い越したか、何をどう比べるのか不明だが、欧米なみを望んだことは否定できない。

欧米なみを望むことは、欧米の先進性が国際的な侵略や搾取によって成り立っていることを深く考えない闘争方針であった。そして、日本経済が窮乏から脱したのは朝鮮戦争がきっかけであり、資源多消費、重化学偏重の経済政策が今日の繁栄をもたらしたことも事実である。だから、アジアの諸国が日本のあらゆる形での〝進出〟を〝経済侵略〟と脅威を抱いているなかであればこそ、「豊かさ」が反省されるのである。日本の国内における繁栄が、何を犠牲にして築かれているかを知ればこそ、「豊かさ」が問われるのである。

私も、戦後の労働組合にあって首切りの苛酷さを体験したし、その後も労働組合の生活向上のための闘いに参加してきた。だが、生活向上の闘いだけしか知らず、それ以外に労働者を組織し得ず、活動を組み立て得ないとしたら、日本の「平和と民主主義」はどこへ行ってしまうのだろう。

「劣情」かどうかの検証

日本は軍備に金を使わなかったから今日の繁栄を築くことができた、だから平和を守り続けなければならないという主張が、革新の平和論のなかにもある。時にはそれが再軍備派との論争の間で最も有力な説得力を持ったり、平和論の最後の拠り所のような使われ方もしている。この論理は大きな間違いであり、またきわめて危険である。今や防衛費の持続的増強が、大企業の経済要求として景気回復の牢固たる一画を占めているのである。

私も出席した〝今日の自然保護を考える座談会〟のなかで、毎日新聞の原剛さんが、鉄鋼労連の大会で、鉄を沢山売るために東京湾の横断道路を早く造れ、という決議が行われたと紹介していた（『地方自治通信』六月号）。景気さえよくなるなら、軍備も自然破壊も見過ごし、むしろそれに加担するというのであれば、それは正に「劣情」であろう。

生活の苦しさから脱け出す努力、よりよい生活を望む願い、それは直ちに「劣情」ではないと思う。だが、そのために何を失い、何を代償として支払うかを省みないで、ひたすら〝向上〟（more）を追うならば、それは「劣情」に堕すのであろう。

何が劣情であるかについては、各人が生活を省みるなかで判断しなければなるまい。私たちの日常の欲望は、日夜休みなく押し寄せる商業主義によって形成されたものが多い。それに馴らされてはいても、あるものが「劣情」と知ったなら、それを拒んで生きなければならない。槌田さんは、そのことに〝ためらい〟があってはならないと言われた。

大衆を飢えの状態に置き、その不満を組織化することを原理とする労働組合（政党）の方針からは、豊かさの反省などは闘いの抛棄《ほうき》でしかない。それしか闘いの方法を知らないからである。豊かさ以外に組織を守れないというのは悲劇であろう。管理をはね返して教育を守ることも、行革を否定して自治を確立することも、今までのような〝豊かさ〟を原理とする労働組合の体質からは、有効な闘いとはなり得ないと思う。〝豊かさ〟がどこかに付きまとう以上、相手はそこにつけ込み、それを利用して攻めてくるのである。

豊かさの反省が闘いの拋棄であると叫ぶのは、それ以外の闘いの方法を知らないからである。それ以外の闘いの方がより困難で厳しいことを覚悟しないからである。

槌田さんの「劣情」は少なからずショックだった。〝生活派〟と〝政治派〟の問題、〝間に合うか〟〝間に合わないか〟の議論、それらと絡んでわが駿河湾会議のメンバーも思い平らかでない日を過ごしているであろう。私もまた、東京往復は普通列車が当たり前だなどとうそぶいていることをお笑い草だと反省する。

そして「劣情」であるかどうかの検証は一層確かなものにしていかねばならないと覚悟する。改めていうまでもないが、「劣情」とは宗教的道徳意味ではなく、あくまで社会的、経済的、そして技術的なものである。

（八四年一〇月）

（『これからどうする社会とくらし——使い捨て時代を考える会創立十周年記念シンポジウム』、柏樹社刊参照）

解題　生活者の視点で協同組合をつくる

赤堀　ひろ子（生活クラブ生活協同組合・静岡理事長）

井手さんと、生活クラブ生協との出会いは、今から十八年前の一九八七年、ここ静岡の地に、安全・健康・環境に配慮した消費材の共同購入をしようという運動が具体的になった時から始まります。当時、全国自然保護連合の理事長としてご活躍なさっていた井手さんが、生活クラブ生協の理事長を引き受けてくださらなければ、県の認可が下りないということで、無理やりお願いいたしました。市長を辞められてからのライフワークであった自然保護のお仕事を捨てて、それまでとは、まったく異色の生協運動を担うことがいかに大変であったか、その決断に感謝の気持ちでいっぱいです。

それから、十年、生協の責任者として、ご苦労をかけました。井手さんの子どものように年の離れた、しかも、経営には素人の組合員・職員を相手に、同じ土俵にたって、私たちのつたない議論にじっと耳を傾け、合意に至るまで待ってくださったこと。折に触れ、人としての自立、生協としての経営の自立を達成することが、最大の課題であり、その実践に全力を尽くされたことが強烈に私の脳裏に残っております。

「組合員としての感性を忘れないように」、私が理事長の任についたときの井手さんからのプレゼントの言葉です。市長をされていたときも、生協の理事長だったときも、主権者はだれなのか、どこを向いていなければならないかを、常に念頭において生きてこられた井手さんの生き方そのものを示す言葉だと思います。

機関紙の連載コラムや組合員との活動の場で、組合員がいいとこどりの消費者に陥りやすいことを戒め、広い意味で生活者としての視点を持ち、地域をよりよくする活動の大切さを伝えてくださり、それは、今も、後に続く若い人たちに受け継がれています。自分たちが、日々暮らしている生活の場に関心を寄せ、地域が抱えている課題をいかに解決していくのか、生活クラブ運動もそのひとつとして位置づけ、精魂を傾けてくださいました。

〝生活者〟とは

五月三〇日、私の本の出版を機に生活クラブ主催の「ゴミゼロデイ・シンポジウム」が東京で開かれた。その内容は『生活と自治』七月号に書かれているので読んでいただきたいが、私の本の推薦者の一人である野村かつ子さんも会場に来て下さった。

その折、野村さんから『泣き寝入りはしない』という本をいただいた。この本は、内外のさまざまな消費者運動のことを約六〇篇の短文で紹介されたもので、かねがね、日本の消費者運動には闘いがないと批判されている野村さんの叱正が聞こえるような気がする。

そのなかで生活クラブのことを、次のように書いている。

「現在のようにモノが豊かに生産され、市場経済が盛んになればなるほど、それに巻きこまれないで、自分で考え、自分で行動する生活者であることが、生産者からモノを買って消費する消費者であることよりも、もっと大切である」

生協は、〝生活協同組合〟であって〝消費者組合〟ではない。そのことが、いつか忘れさられて、改めて〝生活者〟という言葉がクローズアップされてきた。生活クラブが使い始めた〝生活者〟という言葉が、いまはどこでも使われるようになったが、言葉が流行すると、本当の意味がぼやけてくる傾向がある。本家本元の生活クラブは〝生活者〟であり続けているだろうか。

野村さんは確か八十歳。いつも元気一杯である。

白さは清潔か

アメリカの女性経済学者のH・ヘンダーソンさんの書いた言葉がある。

「(広告というものは)ピカピカの食器や真白な洗濯物は大宣伝するが、そのためにピカピカの川や湖がなくなって行くことについては、いつも言い忘れるのです」

なぜ、白さということがそれほど大事にされるのだろうか。再生紙にしても常に白さが選択の基準になり、当たり前のように要求されるが、白くするためには、それなりの薬品などを使い、大量の水も必要になる。ドイツのチリ紙などはものすごい汚いし、封筒なども極めて粗末である。とても日本では見ることができないような再生紙が当たり前に扱われている。不潔、バッチイなどというイメージが、白さにまとわりついていることがおかしい。いまの私たちの廻りには、見えない有害物質が一杯なはずである。それは見た目の汚さよりはるかに怖い。

家事の大切さ

六十歳を過ぎて妻に先立たれた男の死亡率が異常に高いと言われる。いくら美味しくてリッチなものを摂っていても、インスタントものや外食では、いのちが保てないのである。

私も年齢の割に元気だと言われるが、食事を作っているからネと女房に威張られて、その通りだと思っている。長い間、いろいろな運動に身を挺して来て、ゆっくり家で食事することがなかっただけに、一層その大事さをこの頃痛感する。

女は家事をやっていればいいということではない。男も、できる限り家事をやるべきだ。反原発や、各地の住民運動が、元気印の女たち一色であるのは、男たちの堕落である。男たちも、家事を女房まかせでなく、少しでも関心を持つようになれば、反原発に立ち上がることは間違いない。

家事を、金を出して他人にやらせるような流行は、人間の生き方として大いに疑問である。金にならない労働がどんなに大事であるか、それを生き方のなかで確立してほしいと思う。

生活クラブは、金にならない労働が、家庭や社会を健やかにするためにいかに必要であるかを実践する場であろう。

タダほど高い

日本の昨年度の広告費は四兆円を超えた。ＧＮＰの一〇％を突破するかどうかが激しく議論された軍事費よりもずっと高い。四兆円と言えば一世帯当り一〇万円である。安い安いと思って買っている洗剤、電化製品、飲みもの、食べもの、すべては一〇万円分高いものを買わされているのである。その広告費の六〇％はテレビ。民放はタダだと喜んでいる間に、購買意欲がかきたてられ、怪しげな商品を次々に買わされていく。

本当に安いのだろうか。立ち止まって考えてみる必要がある。しかも、それらの商品の後始末（下水やゴミの処理）もまた、税金という形で皆の財布から消えていく。

私たちクラブ生協の仲間が出し合うお金は月一〇〇〇円の出資金。その、月一〇〇〇円で巨大広告に対抗しようとするわけである。貴重な一〇〇〇円であり、それで対抗できるのは志を同じくする仲間がいるからだ。共通する思いで結ばれているからだ。

私たちの取り組む消費材が高いか安いか、単に貨幣的比較で論ずるのでなく、そもそも価格の成り立ちが違うことを知ってほしい。

5

地域と自治

解題　井手敏彦さんと静岡県の住民運動

白鳥　良香

沼津市長時代ゴミの分別収集で全国に先がけた沼津方式を立ち上げ、惜しまれて市長を辞められて後も、「環境問題の柱はゴミ問題、ゴミ問題解決の柱は市民運動」との考えから、全国自然保護連合の理事長として全国をとびまわっておられた。

そんなとき、県内各地の環境問題の住民運動、市民運動に、ゆるやかな交流と連携の気運が高まり、井手さんに会長をお願いして、一九七九年秋、静岡県初の住民運動ネットワーク「駿河湾会議」が誕生した。主な参加グループと参加者は、沼津市から井手さん、市議の渡辺さん、小川さん等の市民環境運動グループ。庵原の環境運動から芦川さん（小川アンナ）、山梨さんたちとの食と環境のグループ。清水市の市民運動から市議の浅沼さんたち。静岡市では市議の白鳥、市原さん、松谷さんらがまとめていた「街と生活を考える市民センター」が参加し、「駿河湾会議」の事務局を引き受けた。

ゆるやかな交流と連携で、静岡県の環境を守り、良くする運動の輪を広げていこうとの共通の想いから、参加者全員が平等の発言、平等の負担で、世話役はあっても組織的リーダーは無し。井手さんといえども一個人、会長職はきわめて精神的なものであった。だが、年二回ほど開かれていた交流会議で、井手さんの話しを聞くのが参加者全員の何よりの楽しみであり、その言葉一つ一つがそれぞれの運動の肥やしになっていった。井川高原での交流で、星空のもとキャンプファイヤーの炎にてらされていた井手さんの楽しげな笑顔が忘れられない。

その後七年ぐらいで、全国的な市民運動、住民運動の退潮期の波を受け、「駿河湾会議」の活動も自然に幕を閉じた形になったが、「駿河湾会議」参加の自治体議員の連帯組織として「自治体議員・駿河湾ネットワーク」が生まれ、静岡県下二〇名を越える自治体議員の交流と連携の活動が継続されている。井手さんにはお亡くなりになるまでその顧問としてアドバイスをいただいてきた。

「地方」のイメージを拒否する

昨年（一九八二年）、航空自衛隊浜松基地のブルー・インパルスが航空ショーを展開中、一機が墜落する事故があり、さまざまな問題を起こしたが、その事故を謝罪した自衛隊幹部の言葉に、昔なつかしい〝地方〟というのが出てきて、わが耳を疑った。彼はハッキリ「地方の人にまで迷惑をかけて申し訳ない」と言ったのである。

かつての日本の軍隊は、民間のことを地方と呼んだ。ボクとかワタシなどと言おうものならたちまち「貴様、まだ地方の気分が抜けとらんのか」とどやされた。軍隊での、特に上に向っての一人称は〝自分〟でなければならなかったのである。

民間一般の言葉づかいや生活習慣を叩き直すことから、軍隊という特殊社会が始まったのである。

その〝地方〟という呼び名が、いまの愛される自衛隊に当たり前のように引き継がれているとは知らなかった。

また、それに注意を向けるジャーナリストも一人もなかったようだ。

「地方」と本省

〝地方の時代〟が流行する昨今である。

神奈川県知事の長洲さんが言い出したときは、なお地方の自負に満ちていたが、政府が言う場合はごまかしであると心得るべきであり、おだてに乗らないよう警戒が肝心である。そもそも、中央・地方という語感のなかに、中央は即中枢であって地方は末端という構造感覚、中央は優秀で地方は後進とする意識があろう。

明治の、極めて中央集権的な枠組みのなかに誕生した地方自治制度は、戦後の民主主義的改革によってかなり自治の度合いを増したが、なお強い中央統制＝官僚支配の下に窒息させられている。法律的には、自治体は地方公共団体、地方行政機関であり、自治体職員は地方公務員である。どこまでいっても地方がつきまとい、自治はかすんでしまう。

実際の行・財政の執行も、予算の流れを規制され、許認可に縛られ、いつしか自治の尊厳よりも中央依存の易きに慣れる。自治省（かつての内務省の尾をひく）出身者が知事になるケースが激増していることは、中央官僚が続々と国会に進出する動きと相俟って、自治が完全に空洞化する危機の状況であろう。

市町村の議員や職員にも中央依存意識が強い。彼らはよく「本省の意向を聞く」とか、「本省に出張する」などという言い方をする。彼らが担当する仕事にとって、建設省、農林水産省、厚生省などが、それぞれ〝本省〟化してしまうのである。地元の現場に探るよりは、動かし難い指針を本省に求める。

この本省化の実感ないし意識が、自治の喪失であることは言うまでもない。悪いことに、本省の縦割り行政の弊がストレートに市町村に反映し、本来縦割りでは解決できない現場の課題に、総合的、創造的に対処できないことになる。さらに、中央で力の強い大蔵、通産、建設などと、力の弱い厚生、環境などの序列までもが、市町村を同じ構造感覚に染めてしまう。市町村行政が最も重点とすべき災害対策、環境保全、衛生問題などが、なかなか日の目を見ないのはそこに由来する。

例えば、ごみ問題が都市的発展に伴って致命的に重要になっていることが明らかであるのに、ごみ関係職場は蔑すまれ、ごみ職場は左遷あるいは島流しの対象にされる。だが、ごみの仕事には、ごみの現場を知らない政府や府県の指導は何の役にも立たない。

仙台方式、松戸方式、町田方式、沼津方式など多くのごみ処理の前進的試みに対して、中央は無力であり、断じて〝本省〟ではない。なぜなら、現行廃棄物処理法には、家庭ごみを可燃物、不燃物、粗大ごみに分けることを規定してあり、資源ごみとか有害ごみという概念はなく、厚生省を本省と意識している市町村は、それしかごみの分け方はないと思っているからである。本省意識にとらわれていては分別収集は生まれない。漸く、混合収集後の資源抽出があるだけであろう。

地方にまかせるとでたらめなことをやりかねないから、中央で統制し面倒をみてやらなければならない、というエリートの義務感みたいなものもあるようだ。その考えの延長上に政令都市の特例がある。

市町村にこそ自治を

例えば、政令都市にだけ起債が特別に認められる。昨年、神戸市で水道事業の拡張に伴う起債を市民に訴えたところ、一億の予想が七億も集まり、神戸市民の自治意識の高さが賞讃された。私は、神戸の婦人団体が長い間地域の問題に取り組み、それが起債の応募にも実ったことに毫もケチをつける考えはないが、そのように起債を市民に求め得る〝特権〟に、ひがみを覚える。

水道事業の建設改良はすべて借入金で賄われるために、その元利償還が水道事業会計を圧迫し、水道コストの上で支払利息が増大し、水道料金の値上げを迫られるというのが、今日の市町村水道事業に共通する姿である。水道事業には一般企業の資本金に相当するものがないためであり、拡張すればするほど水道料が上ってくるという仕組みになっている。拡張に要する資金を政府や銀行からの借入れに頼らず、その実状を市民に訴え、少しでも資本金的性格に近い資金導入ができるなら、そんなに水道料を上げなくても済むという計算は、どこの市でも容易に成り立つ。何も神戸市だけに限ったことではない。

水道という最も市民生活に重要な問題について、その解決策を市民に訴え、応分の協力によって結局は市民生活に還元できるということは、なんと意義ある自治であり、それこそ〝地方の時代〟の姿ではないか。私も市長時代に、幾度かそのような自治を望み、切歯《せっし》した思いがある。その自治は、政令都市のような大都市にのみあって、普通の市にはないのである。

〝地方の時代〟は府県や大都市だけにあるのではない。小さな市町村にこそ発揮されるべきであろう。統一地方選挙で多くの新しい首長や議員が生まれたと思う。〝地方の時代〟の甘言に踊らされることなく、中央統制の欠陥をくつがえす意地を堅持してほしいと思う。そして、例の行革とは、他ならぬ自治を破壊する目論見であることを見抜いてほしい。「地方」のイメージは軍拡への途である。

（八三年六月）

税の使途、貯蓄の行方

所得税確定申告の時期は、毎年のことながら改めて税金の重さや税制の不公平さを思い知らされて、心楽しくないときである。ここ数年来、実質減税はないし、各種の公共負担は増え続けているから、特に税に不満が集中しがちである。

しかし、不満が重圧を感じるだけに終わったのではつまらない。〝取られる〟以上、それがどう使われているかも真剣に検証すべきであろう。それは納税者（Tax Payer）の権利というものだ。納める以上、納得のいくものとしなければならない。

所得税の使途

国や市町村の財政の仕組みは、官庁独特のものに出来ていて、〝素人〟には分かり難く、また分かり易いように説明してはくれないから、実態を摑むには習練を必要とするが、たまたま極めて分かり易い例示が、あの忌まわしい所得税確定申告書の一隅に載っている。すなわち、「あなたの納めた税金一〇〇〇円はこのように使われています」という欄がある。せっかく親切に書いてくれてあるのだから、納税者としてはこれを利用しないではもったいない。

もちろん、これだけで財政状況がすべて分かることにはならない。国の財政は、他の財源もあるし、財政投資や、近年ますます複雑になってきた各特別会計など、さまざまに構成されているから、これだけで全体を捉えることはできないが、所得税の動きは中心的なものであるし、私たちの直接納めるものの使途が示されているわけだから、これを分析することは大事である。

別表は、その一〇〇〇円の使途の推移を各年度の申告書から拾ったものである。

所得税一〇〇〇円の使途の経年変化（単位：円）

使途／年度	一九七九	一九八一	一九八三	一九八四	一九七九／一九八四の増減
社会保障のために	二三七	二二八	二一九	一八四	マイナス五三
住宅、道路、港湾などに	一六九	一四二	一三二	一二九	マイナス四〇
教育、科学などのために	一一一	一〇一	九五	九六	マイナス一五
国を守るために	五四	五一	五五	五八	プラス　四
地方財政への交付	一五五	一八八	一五二	一七九	プラス　二四
国債の償還のために	一〇六	一四二	一六三	一八一	プラス　七五
その他	一六八	一四八	一八四	一七三	プラス　五

（各年度の確定申告書記載のものを利用）

国債の重圧

明らかに急激なペースで国債償還が増えつつあり、いまや私たちの税金の二〇％近くが借金返済に充てられていることになる。そして軍備費が〝聖域化〟されて決して減らされることなく、借金返済のシワヨセはもっぱら社会保障に被せられている姿も明白である。こんなに借金返済が嵩むほどに国の財政は借金で運営されてきたわけだが、借金はどのようにして増えていったのか。

財政上タブーとされていた「赤字国債」が始まったのは一九七五年である。石油ショックで一遍にあらわになった高度成長の破綻に慌てた財界が、景気浮揚政策を政府に要求し、野党・革新勢力もこれに和して、いわば各界の大合唱のもとに赤字国債が導入された。その危険が識者の間で懸念されはしたが、一度堰が破られた後はもう歯止めが利かず、借金の甘い汁に酔って国債は増発されつづけた。

およそ行政が借金するには二つの理由がある。一つは急場の危機をしのぐためであり、一つはその施策の受益が将来にわたるものであって負担もまた長期に平均化することが公平とされる場合である。いずれにしろ、返すアテのない借金はすべきでなく、利子を付けて返す苦しさを覚悟しなければならない。借金のし易さに馴れては、当然地獄に落ちる。

景気浮揚というリミットのないものを漠然としたまま追い求めて国債発行を続けた結果は、今日どうなっているだろうか。借金で潤った部分と影の部分との差は余りにも大きく、フローの形での賑わいは表面上あるかに見えるが、借金の重さはズシリとこたえている。赤字国債の弁明に使われた、国債発行→景気回復→税の増収→国債償還という財政目論見は全く成り立たなかったのである。

その当時、国債発行を要求した財界が、いまは行政改革、国民耐乏を世論化しようと必死である。失敗を反省したのではない。失敗のなかで、あくまで財界だけは温存して行こうという主張である。

だから、この借金苦のなかでは到底まともには考えられないような大型公共事業が次々に登場する。新しい新幹線、巨大架橋、沖合人工島、ダム、地下水路など、いずれも数千億から兆を超す土木事業が、しかもオール借金で計画される。誰の利益のためだろうか。便利になる、輝く未来があるなどという飾り文句にいつまでも惑わされないことが肝心であろう。

空しい景気浮揚論

たしかに、何であれ事業をやれば、少なくともその限りでの景気は起こる。ケインズ流の財政論かららすれば、穴を掘る仕事を作り、次にその穴を埋める仕事をすれば景気テコ入れになるのだという。しかし、この理論には、その仕事を借金でやった場合にどうして借金を返すのかという視点が欠落していると言われる。つまりは、その場限りのことでしかない。

穴を掘り、それを埋め戻すだけで終わるならまだ無難である。目先の景気浮揚のためならば、兵器生産こそが最も効果があろうし、自然破壊が取り返しのつかないものであろうと、工事は専ら巨大であることが歓迎される。

軍備費（防衛費と人は言う）がGNPの一％に止まるかどうかを論戦するより、すでに兵器生産が確実にGNP拡大の仕組みに抜き難く入っている認識の方が切実であろう。海も山もGNPを旗印にして破壊されつづける状況を、私たちは後の世代のために止めなければならないと思う。それらをやる借金のツケも子どもたちに回ってゆくのである。

穴掘りで思い出すことがある。学生のころ〝勤労奉仕〟ということで穴掘りをやらされた。次の日、別のクラスがその穴を埋めに行くのである。穴の意味や目的はどうでもよかったのであり、学生もまた戦時下の総動員体制下にあることが求められたのである。そのために学生服でモッコを担ぐ姿が絵になったのであろう。景気浮揚にあらざる戦意昂揚であった。そして国は敗れた。

貯蓄が使われている

強気の積極財政論を支える、おそらく唯一の根拠は、わが国の貯蓄率の高さである。

昔の小学校には必ず二宮尊徳の像があって、幼い時代に〝勤倹貯蓄〟が何よりの美風として教えられた。そしてそれは富国強兵策を強力に支えるものであった（もっとも二宮尊徳をそのように祭り上げたのはタメにするものであって、二宮尊徳の偉さは別の所にあったのである）。いまは消費が美徳とされ、勤倹の精神は色あせたが、かわって〝利殖〟のチエが盛んにPRされて、貯蓄率は依然として世界に比類ない。社会的保障に対する不安もあることは事実だとしても、各種保険や金融のPRは完全に中流人の意識に深く組み込まれてしまった。小学生が貰うお年玉が五万、一〇万となるのも驚くべき風潮であるが、それがたいていは貯蓄されていることも異常であろう。

ともかく、この貯蓄率の高さを日本経済の最大の力とし、それを国債に振り替えてあくまで強気の積極財政が推進されるのである。

国債の多くは市中銀行等で消化されるが、かつては国債や市町村債の引き受けは市中金融を圧迫すると文句を言っていた銀行も、いまや国債、市町村債大歓迎である。つまり、私たちの貯蓄の大きな部分が国債に振り替わっているのであり、最近は「中期国債ファンド」なるものが大流行し、貯蓄と国債は直接的にも結び付いてきた。

私たちの貯蓄が、直接間接に国債消化に充てられ、その国債で兵器生産や自然破壊の大工事が進められ、その国債償還のために社会保障費が削られ、あるいは税その他の公共負担が増えてゆく、といった構図が成り立つとしたら、貯蓄のあり方や行方について考えてみる必要が出て来よう。個人サイドの利殖を楽しんでばかりはいられないのである。受け取る利息にも私たちの税金が入っていることも見落せないことである。

沼津で石油コンビナート進出反対運動をやったときの出来事がある。ある農協が企業進出に協力して用地あっせんに乗り出そうとしたとき、農民は怒って農協預金を一斉に引き出しを始め、農協を震え上がらせて「改心」させたことがある。

本誌（月刊『社会運動』）NO39（八三年六月）の拙文「地方のイメージを拒否する」のなかで、神戸市が水道事業拡張に当たって独自の出資（市債）を市民に訴えたところ多数が応募して、高い市民意識が評価されていることを紹介した。そういう〝民主的措置〟が特別政令都市にだけ許されていることを不満としつつ、そのように、自治体＝地域の住民に直接関わりのできる自主管理的金融がもっとあっていいということを書いたものである。

たとえ、利息は額面上低くてもいいではないか。自分たちの出資ないし貯蓄が、いろいろな形でプラスになってあらわれ、決して兵器生産や自然破壊などには使われないような、そういう金融が身近にあっていいと思う。協同組合はその面でも重要である。

（八五年三月）

千本太郎のこと

明石海人《あかしかいじん》＊の歌碑が千本太郎という老松の近くに建てられて、この一件も無事おさまったと思う。関係者の長い苦労の少しを知る私にとっても気の休まる機会を得たといってよかろう。

たしか市長になった最初の冬のことだったと記憶するが、千本の松のそれぞれに愛称をつけ、より親しみを深めてもらおうと子どもたちに呼びかけたことがある。そのときの子どもたちの反応は、松を視覚的に捉えて蛇とか亀の形を表現したものがほとんどで、とても採用できなかったが、中に「千本太郎」というのがあり、これはそのままいただき、今日に至っている。

「千本太郎」の推定樹齢は約四百年。だとすれば四百年前に、或る僧が潮風に困っている農民たちの苦しみを救おうと念仏を唱えながら松を植えつづけたという故事のままに、そのときの松が今日まで生きているということになる。これはすごいことである。（増誉上人が南無阿弥陀仏と念じつつ一本ずつ植えたという姿は彼を開祖とする千本山乗運寺の境内にある）。

私は千本緑町自治会長として港湾拡張や防潮堤の嵩あげに反対し、松を守る闘いを望んだが、それには政府自身が公にした文書があって、それを手に入れたからであった。

それには、伊勢湾台風の際、防潮堤建設に当たり海岸の防風林をどんどん伐ったために、かえって災禍を大きくしたという内容のものであり、私たちのバイブルともなった。政府自身がそういう反省をしているのに当時の役所には松のことを勉強した人は居らず、私たちの勝利は確かなものとなった。今でもそうであろう。

有明海の閉め切りもその弊を同じくする。どんな公共の仕事でもそれによって利益を受けるものが出るであろうが、その言い分を聞いていては行政は間違う。常にバランスシートがものをいう制度を作っておかなければと思う（例えば近くは空港の問題）。

せっかくの歌碑が出来た以上、これを大事にしなければと思う。中でも愛生園から運んだという石を汚さないように、特に拓本とりのような蛮行はやめてほしいと願う。

＊〈明石海人〉明治末年代に生まれ、戦前に亡くなった沼津出身のハンセン病歌人。歌集『白描《ハクビョウ》』。

地域にこだわる思想と運動［インタビュー］

――コンビナート反対とゴミの沼津方式

――ひと昔前に、勝間田清一代議士（社会党委員長、衆院副議長等を歴任。選挙区は静岡東部で沼津市が中心）が、自分の後継者に井手さんを、と強く働きかけたがもしそれを受けていたら、井手さんはとっくに国会議員になっていたんでしょうね。

だが、その道をことわって沼津市議―市長という人生と政治を一貫してきたのは、「中央政治」こそ国政の要という政治理論や価値観とまったくちがうものだったと思いますが、その思想は何だったのでしょうか？

中央集権制の下請――自治体

ぼくは沼津という地方の都市に住んでいて、自治体の政治にも参加してきたわけで、この中で痛感してきたことは、地方自治というのは完全に形骸化してしまって、中央集権のしがらみのなかで、まったく手も足も出ないという構造になっている。変な言い方だけど、自治体というのが哀れでしかたなかった。それで、何とかして自治体の力をつけることが絶対に必要だということで、市会議員や市長をやってきたわけです。

県や市町村は、形の上では地方自治体という名前をつけているが、内容的には完全に中央集権だ。これは制度上中央集権だというだけでなく、行政そのもの、あるいは地方の職員そのものが完全に中央に顔をむけているということです。たとえば、市の職員が本省にいくとか、本省の意向をきくとか、本省という言葉を常に使うわけです。これは、明確に中央集権の中で飼い慣されてきた。だから私は、職員に絶対に本省という言葉を使ってはいかんと、お前さんたちは国とも県とも対等なんだ、という意識を育てることに苦労した。地方自治体が国や県に対して手も足も出ない、というのが私は悲しくて何とかしてこれを強くしなければいけない、強くするにはそれだけの力を持たなければならない。政治的なあるいは制度的な力をもつのではなくて、思想的な、あるいは行政実績のうえでの力をもつということが非常に大事だと思ってきた。要するに、国が何といってこようが、これは地域では受け入れられない。地域の実状にあわない、といってはねのけられるような行政のやり方をしていかなくてはいけない。ということで自治体を強くすることを念頭としてきたわけです。

日本は「単一民族国家」――本当は単一民族ではないが――みたいな形をとって、明治以来の富国強兵政策のなかで完全に中央集権になってきたわけですけど、その中で、地域の独自性というのは非常に狭められているわけです。

国の行政とか法律は全国一律ですから、地方の現場に合わないことがたくさんある。自治体の強さというのは、現場をもっているということが一番強いのであって、法律がどうであろうと、国の政策がどうであろうと、現場で仕事をしていると、これはおかしい、という矛盾をしょっちゅう感じるわけです。そういう時に、自治体のやり方というのは、まず六法全書をみて、国の法律がどうなっているかということを資料として、そしてそこから現場を規制していく、そういうやり方が今まで常だったわけです。そうではなくて、まず現場に立ち、そしてその現場の矛盾の中から、今の行政なり法律の不充分さを、現場に合わない点はむしろ現場で直していくんだ、それが大事だ、という気持ちをもっていた。

地域の特性と環境問題

特に、そのことを痛感するのは、生活に密着している教育とか、福祉とか、あるいはゴミだとか、衛生だとかです。これら、いわゆる環境的なものは特に地域の特性というものが一〇〇％生かされるべきだと思う。私は公害反対闘争を随分やってきたわけですが、公害の規定の仕方、あるいは公害の排出基準とか、環境基準とかは国で一律に決めるわけです。これでやっていたら、その基準まで全国が汚れるわけです。基準というのは汚れたところをおさえるための基準であって、汚れていないところはそこまで汚していいよ、というやり方になっていますから、全国一律の基準にしたがっていたんでは全部全国一律に汚れてくるという結果を生じます。だから沼津の場合には、私たちは環境基準がゼロであることを要求する。たとえば〇・一ＰＰＭが環境基準としても、〇・一まで汚していいということは私たちは拒否する。あくまでゼロを要求するという形で闘った。

特にそういう意味では環境基準なんていうのは、地域ごとに特性があってしかるべきなのです。なにも汚れている地域のことを参考にする必要はまったくない。日本中で、沼津市ほどきれいな空気のあるところはない、といわれたってそれはむしろ誇りにすべきだ、という考え方をもっていた。

市より県その上が国ではない

したがって、ゴミのことについては、いわゆる廃棄物処理法では規制していないようなことを現場の現実の中から始めた。ゴミのいわゆる沼津方式として有名になったものについては、かなり厚生省とか自治労も含めた、いわゆる中央集権的なものの見方からは冷たくあしらわれたわけです。しかし、今では誤っていなかったという評価に変ってきているわけです。

だから、地域の現場に立って、現場を率直に見つめながら、そのなかで事態の解決をはかっていくという方向をとれば、今の法律なり、中央集権的な行政の矛盾というのはよく見えてくる。また、見えるようにしなければいけない、というのが私の基本的な考え方です。

そういうふうに、地方というのが虐げられている中で、地方にこだわって生きるという形で、市会議員より県会議員が上だ、県会議員より国会議員が上だという序列については、あくまでそれを打破していかなくてはならない、と考えています。

だから、私はあくまでも市にこだわる。市という一番基礎的な自治体がしっかりしない限りだめだということを痛感しているわけです。

そういう思想というのは、かつての革新市長時代にはあったんですね。飛鳥田さんがよく言われたのは「地方の権力をとって中央を包囲する」ということをいったんです。政府の中には自治省というのがありますが、これは国の立場から市町村をしばる役目をしている。自治省はかつての内務省の色彩を強く持っているわけです。これに対して、私たち革新市長会は、今の自治省は中央集権の出張所であるにすぎないといって、地方自治省みたいなものをつくって、まさに地方の自主性というものを大きくさせるような思想をもっていたわけです。

ところが、革新市長会自体も中央集権のしがらみの中で、だんだん取りこまれていってしまい、戦略的な構想がだんだん消えていってしまった。そういうこだわりを地域でもつことが必要だと思います。

アメリカ合衆国ではステイツという形をとって、州でいろんなことを決めるわけですね。州法というかたちで。州でもって税金のことも決めるし、環境のことも決める、というように州の存在が非常に強いわけです。ゴミのことでいえば、デポジット制度とか、低リサイクル商品に税金をかけるというようなことは全部州でもってやる。物品税も州でという具合に州というものの力が非常に強い。そういうことが、日本では考えられないわけですね。

ゴミ仲間の議論では

だから、地方で地域主義に徹していくためには、たとえば環境基準みたいなものを地域の独自性に合わせてどんどん上乗せをしていくべきだ。

汚れたところはこのくらいの環境基準であっても、私のところはそれに上乗せするというようないわゆる上乗せの厳しさというものを各地域でもってつくっていく必要がある。今、ゴミ問題をやっていることの中で、私たちのゴミ仲間で議論しているのは、たとえば製品についてはＪＩＳ規格とかがあるわけですけど、ゴミからみているとＪＷＳ、産業廃棄物規格をつくれという要求が切実なんです。ＪというのはＪＡＰＡＮですけど、ＪＡＰＡＮ、ウエスト、スタンダード＝ＪＷＳというものをつくる前に、まずローカルなウエストと基準をつくるべきだ。東京ではこうだけど沼津ではこうだという地域の特性に合わせた廃棄規格をつくることが大事だと思うんです。ゴミ問題をやっていると廃棄処理困難なものがたくさんあるわけですけど、法律では廃棄処理困難なものは、つくってはいけないみたいな法律があるが、現実的には廃棄処理困難というのは一つも規定されていないわけです。

ローカル性の大事さ

なぜ、それが規定されないかというと、全国的な規模でもって考えますから一つも規定されない。ざっくばらんに言うと、東京みたいに財政力もあり、技術も集中しているところでは、何かの機械で処理できるものでも、地方に行くとまったく処理できない。そうすると、東京では処理できるという形で処理困難物は事実上一つもないことになる。今度、廃棄物処理法が改正されたわけですけど、その中でも、処理困難物というのは全国的な視野で決めるということになっている。したがって、地方では処理に困るような物、そういった物も東京で処理できるとするとそれは処理困難物には指定されないという矛盾が生じてくる。したがって、わが町ではこういう物は処理できない、というのが現実にはいくらでもあるわけですから、そういったローカル性が非常に大事だと考えます。

アメリカは、先ほど言ったように州でいろんなことを決めていますけど、たとえば、ゴミの焼却場からの排ガス規制なんていうのは全部地方ごとに違うんです。それも地方裁判所が全部決定もしている。それだけのローカル性というのがある。そういったものが集まってこないと本当の地域を守ることができないんですね。

ある本で読んだんですが、一、二、四、六、八という数字があるんですね。これは日本のいろいろな制度なり現象が東京にどのくらい集中しているかというのをあらわした数字で、たとえば、一というのは日本の人口の一割が東京に集中している。二は、GNPの二割、四は卸売、六は大企業の本店所在地、八という一番東京に集中度があるのは文化なんです。文化が一番東京に集中しているのはちょっと意外に思うけど、これは事実です。文化・情報というのは、あらゆるものが東京発なんです。そういった意味で、私は沼津で芝居をやったり、映画友の会というのをやりながら、できるだけ東京の影響をうけない、東京発の文化には親しまない、ということを考えています。

東京からいかに離れるか

そういう意味では、東京からいかに離れるかということが、地域のひとつの生き方ではないか、というのをこのごろ痛感しています。特に、東京への一極集中というのが、増々はげしくなって、その外縁がどんどん伸びて埼玉へ行っても、千葉に行っても、群馬に行っても完全に一極集中の波に洗われている。これは、いうなれば全部東京へなびくという姿をとっている。こういう中で、あらためて地域というのがもっと生かされなければいけない、と思っているんですがね。

ただ、今の制度の中でどうするか、ということでは私はまだ結論をもっていない。県というのは制度上は自治体ですが、これは完全に中央集権の下請機関で、かつての明治憲法の下でも市町村は自治体とよばれていたが、県知事は任命制であったように、県というものは市町村と密接に連絡するのではなく、国の出先機関みたいになって、むしろ市町村を支配するということが多いわけです。そういう意味で、県の存在というのは、私が経験したところではやっかいな存在で、こんなものはない方がいいと思ったりもしたんですね。

市町村そのものは必ずしも経済的な合理性をもってつくられていませんから、地域で生きるといってもなかなか市町村だけでは生きられないわけです。少なくとも、県なりの単位で一つの合理性をもつということは必要になってくる、という意味では本当に県が——今の県の区域がそのまま生きるかどうかは別として——東京を離れても生きられる、中央から離れても生きられるみたいな合理性をもった一つの制度になることをこれから考えなくてはいけない。特にゴミのことで、これからリサイクルとかが中心になってくるわけですけど、市町村でリサイクルをするというのはきわめて困難です。いくつかの市町村が集まったり、県がそれを指導する形をとらない限り、逆流通なんてできっこないですから、そういった意味で地方の力というのは必要です。

革新の弱さ　中央集権主義

その点でも革新側の考えは非常に立ち遅れている。かつての革新市長会の時は中央を包囲するみたいな戦略があったんですけど……。やっぱり市町村よりは県、県よりは国という考え方が労働組合の中にむしろガッチリできてしまっている。中央は優秀で地方は劣っているというのが日本の中央官僚制度を支えている一番大きなもとですけど……。冗談いうな、地方だって負けないぞ。地方だから逆に優秀な人間がいるし、優秀な能力があるんだ、ということを一生懸命磨き上げることが大事だと思います。

――労働者は市民になっていないということがゴミ問題の中でよくいわれますが、沼津では清掃労働者、自治労をはじめ労働者・労働組合はどう対応してきたのですか？

沼津の労働者というのはかつてのコンビナート反対闘争の時に端的に示されたように、労働者である前に俺たちも市民なんだよという意識があったんです。だからコンビナート反対闘争の時に地区労が公害反対を俺たちもやるといっても、行動する時には赤旗一本も立てなかった。それは、赤旗をたてると住民運動にマイナスになるということがあったし、俺たちのできることは縁の下の力持ちだと、ビラを配ったり、地域の警備をやったりしたが、運動の正面に労働組合という形では出ない、ということがかなり意識的に統一されていた。じいさん、ばあさんが念仏堂で〝御敵退散〟なんていうウチワダイコをたたいても、そのまわりを全部警備して廻っていた。縁の下の力持ちを一生懸命やったという意味ではすばらしい労働者であったと思う。

その伝統はそれなりにあるわけです。地区労というなかでは。で、今だって千本松林の枯れたのを伐採するとか清掃するとか、そういうのは地区労という、意識の残っている人々は非常によくやるんです。ところがそれが全体としてはだんだん薄れてきていますね。

労働組合の力量の低下

未だに地区労という組織はあるわけですが、連合とかで分かれるのはやめようということで、地区労という形態は残っている。が、内実は完全に地域の労働者という意識は薄れてしまって、今のところ残念ながら形だけになってしまっている。連合は組合の外の活動はあまりやらない、地域には出ていかない、という方針が見えるんですね。

たとえば、合成洗剤追放全国集会というのがあって、これを沼津でやるわけですけど、市職労を含めてそういう地域の運動には出ていかない、というのが濃厚にある。市職労は主催者になっているが、内部で完全に割れているわけ。参加しようという人と反対だという人とに完全に分かれている。そういう意味では市民と次第に離れつつある。

——二十五年間の中でのこの変化の原因は何でしょうか?

やっぱり企業意識が強くなったことだと私は思いますね。

——コンビナート反対闘争は、一九六四年ですね。あの頃にあった大企業は？

地区労の指導権は国労とか公務員の人たちが握っていた。それから電気労連が強くなってきて色彩がかわってきた。

——産業構造が変わってきたのですが、コンビナート反対闘争が各地にあったが勝利したのは沼津くらいですかね。その時に闘った思想は今から整理すると何ですか？

コンビナート反対闘争　その原点

やっぱり植民地にはなりたくない、外来資本に荒らされたくない、ということだった。当時、沼津では公害という規定は確立していなくて、公害とは何かというのを一生懸命勉強した。どこへいっても公害あるいは大気汚染という事実はあっても、それを告発しえないところが非常に多かった。だから公害問題のポイントというのは住民が公害意識を持つことだった。自分の親類が公害企業に勤めていたり、市町村がその企業におぶさってたりすると告発できない。そこが、一番公害問題のポイントだということがわかった。公害という事実と公害意識はまったく別のものだ。どんなに公害がひどくても、公害意識を持たなかったら問題としては起こらないのが痛感された。

たとえば、当時四日市はひどいという話があったけど、被害を受けた磯浜の人たちは大変な苦しみを受けていたが、四日市の市民、あるいは公害を出している企業の労働者はまったくおかまいなしだった。むしろ、そういう労働者は企業擁護にまわっていったわけですね。だから、沼津ではつくられたらおしまいだ、という意識が非常に強かった。何ものが言えなくなるというのがキツイ問題だとぼくらは受け取っていた。

――四日市公害を摘発した故田尻さんがある本の中で、漁協出身の市会議員が「こんなのなら来てくれなくてよかった」と言ったら、労組出身の市会議員が「お前は何てひどいことをいうんだ、誰のおかげでめしが食えると思うんだ」とどなりつけたという話がでてくる。あれは典型的だ。

山口県の徳山市に出光石油がある。あそこは完全な企業城下町だ。企業はいつも何がしかの寄附をするわけですよ。市にも、地元の町内会とかにも、運動会などで。その寄附がものすごく左右するわけですよ。

――当時のコンビナート反対闘争がすぐれていたと思うのは、共産党も社会党も生産力の進歩は歴史の進歩という考え方が支配的だった。だから、コンビナートというのは歴史の進歩になるんだ。全国各地で革新側が猛烈に反対したのはほとんどない。鹿島コンビナートでは立て前をちょっと言ったくらいだ。沼津での当時の革新勢力の対応はどうだったんですか。

社会党は私が書記長をやっていたわけだが、私は反対の先頭に立った。地域開発はいいんだというのが社会党の党是としてはあった。ただ、地域開発はいいけど公害はいけないよという言い方だった。

それに対して、私たちは地域開発と公害をプラス面マイナス面で分けるというのはおかしいと言った。というのは、開発はいいけど公害はダメだよと言えば、マイナスの面を除去すれば地域開発はいいよという形でしか出てこないから。それは分けられない。地域開発をすれば必ず公害が発生する。だから、地域開発はいいけど公害はダメだよということの中で、あらゆる公害を全部ＯＫにされるという危険を感じて、地域開発そのものをやっぱり否定することしか道はなかったんだよ。

――六〇年代の革新市政でもその考えが強かったのではないかと思いますが……

そうです。どこでも地域開発を行う一方、公害とか福祉等は顧みられなかった。その弱点をついて革新市政は出てきたが、地域開発そのものは否定してはいなかった。

――革新市政は、地域開発をしても保守とちがって福祉とかもやりますよという方向だったんですね。

だから、公害もだいたいおさまり、福祉も自民党が手がけてくると争点はなくなってきた。

——沼津のとなりの富士市は大工業地帯に変貌したが、市長は国労沼津機関区出身の人だった。今もそうですか？

四期やったが先の選挙で落選した。

——彼はほとんどあの開発に賛成した。あれがむしろ一般的だったと思う。

生産力主義　開発と公害

だから、私たちがコンビナート反対闘争で勝利した後、自治労の集会などではコテンパンにやられたね。

「沼津はせっかくの地域開発を断った。そんなに裕福なんですか」なんて言われてね。

沼津が成功したのは企業の進出を阻止したからだ。一度企業が来てしまったら、その中で生きる以外にないんだ。沼津の場合、事前闘争だったから、うまくいったんだ、みたいなことを軽々しく言うんだよな。そこに企業が立地し、労働者がいて、そのなかで町も潤い、生活も潤うみたいなことになったら公害反対なんてのはできない、と頭からいわれた。だから、むしろ来られたらおしまいだという意識をもつわけだ。

——地域主義ということは、自分たちの地域で生き、そこで食べて、そこで働くのが基本になりますね。その場合、東京から資本が入ると、それが崩れてきますね。大企業で働く人たちと昔から農業をやってきた農民、あるいは漁民を含めた人たちとの矛盾とか論議とかはどんな風に進んでいったのですか？

その時はそんなに議論しなかったんです。公害というもので空気や水が汚されるのはイヤダという議論であって、開発というものはどういう方向だとか、地域がどうして生きるかという議論は、ほとんど二の次になった。それをしなくてはいかんと思っていながら目の前の公害反対に全力を集中した。そして、勝つとは思わなくて、勝ってほっとしちゃって、あとはガタガタになった。

沼津はこわいぞ

——目の見える形で火電とか公害とかはわかりますよね。しかし、電気関係なんかキレイな工場とかいって、地方に出ていきますが、その時は問題にならなかったのですか？

ならなかったですね。ただ、企業側が沼津はおっかねえぞ、めったにいけねえぞと、足踏みしましたね。その後、富士通が来たけれど、公害はないよというのが実証されない限り、沼津へ進出してこない。むしろ、企業側が遠慮してしまった。だからキリン・ビールも反対してことわった。何故、あんなのが公害あるんだと言われたが、事実キリン・ビールもとてもじゃないといって退散してしまった。それ以来、できたのは富士通だけでしょ。しかも、富士通はソフトだから。

——今みれば、火電がもしできていたら一変していたね。

沼津でしっぽをまいたのが、全部千葉の五井にいった。向こうへ行くと、「ああ」と思って、あれが来なくてよかったなあと思う。

——千葉に川鉄が進出したのは、一九五四年。最初にコンビナートができるのはえらいことだと思ったけど、反対するという発想はなかった。

私たちもずい分言った。公害はこういうもんですよ、というのを千葉へも行ってずい分言ったけど、当時は誰も耳をかたむけなかったね。

てきて、農業や、漁業をどんな風に考えますか。

ゴミと自治体と清掃労組と

――鹿島開発だって沼津と同時でしょ。鹿島コンビナートに反対したのは町長など一人か二人だ。革新側はみんな推進の側にまわった。あれは一つの典型だ。もう一つは、鹿島開発の時は中国の農工両全というスローガンをもちこんだ、が結果において農業は壊滅した。井手さんは市長やってきて、農業や、漁業をどんな風に考えますか。

やっぱり、どんどんつぶれていくよ。つぶさないように考えたけれども現実にはどんどんつぶれていってるね。ようするに後継者がいない。後継者がいないということが最大に問題だよね。効率から考えたら工業にかないっこないのだから、自然を相手にした仕事というものほど非効率なものはない。しかも農業というのは生産が一年に一回でしょ、やり直しがきかない。だから効率で考えられたら全然たちうちできない。ECだって農業に対して、ものすごく補助金を出して自給を維持している。ほったらかしにしたら工業に負けますよ。

話をもどしますが、ゴミのことについていえば、リサイクルなんていうのができるのは、今だから、そのうちリサイクルなんていわなくなる。焼却場をいっぱいつくれば忘れられる危険性がある。かつてのオイル・ショックの時のように、だから私は焼却場をいっぱいつくらなかった。ようするに、ゴミを出さないことが必要なんだ。

敦賀で、先日敦賀にゴミを持ってくる市町村の会議があった。一二〇市町村くらい集まったかな。

敦賀のゴミは石切り場あとに埋められている。そして、この石は原発建設にも使われた。持ち込んでくる市町村には松戸、藤沢、大和市など市民ネットワークの活動しているところもある。今、敦賀の次に求められているのは、栃木だ。

ゴミのことで東京都の問題と言えば、労働者（東京清掃労組）が区移管絶対反対だけを言っているようではダメだ。実際にゴミを身近に考えるようにするためには、行政の基礎単位がいいが、今の区行政の考えは都から権限をとる、という考えでしかない。そして、実際のゴミ業務は民間委託にするつもりだろう。しかし、これでは結局、行政権限の移行だけにしかならない。そこの住民がゴミを出さないようにするという意識はつくられない。

また、今の東京のゴミ量の半分以上は事業者のゴミだ。けっして家庭ゴミではない。この事業者のゴミも税金でまかなっているところに問題がある。だいたい、千代田区、中央区などはほとんどがそうだ。ちなみに仙台市はゴミを家庭ゴミと事業者ゴミに分けて、家庭ゴミしか収集しない。それも一回につき一袋だけ、二袋以上は有料だ。事業者は独自に組合をつくり、自分たちでゴミをあつめてそれを清掃工場に有料で焼却してもらうようになっている。この仙台市の制度はゴミを出す事業者責任が明確になっている、というところで意味がある。

また、話はかわるが、今から十年前の産業構造審議会で〝日本がGNPで第一になった時の就業構造として、第一、第二、第三次産業という分類をやめて、一、二をいっしょにして、三次を情報通信とそれ以外に分けてやろう〟という構想が出された。もし、こうした就業構造になると、労働者の意識はもっと変わってしまうだろう。

だいたい、地域主義という時、第一次産業のない地域なんて考えられないはずだ。

私が市長の頃、今後の市の人口見通しとして、二五万人ぐらいというのを出したことがあった。そしたらまわりから〝そんな夢のないプランはやめよう〟といわれた。当時は大きく拡大することがいいというのがあったからだ。私はGNPで豊かさを測ることをやめなければならないと思う。これを指標にする限り、大企業を誘致し、効率化を求め、そのために農林・漁業は解体させられていく政治がおこなわれる。

かつて釧路湿原にしても、埋めて開発しようというのを当時の山口哲夫市長は反対した。それで湿原も残ったのだ。一方の苫小牧は今でもガランとしている。反対したことは正しかったのだ。これが、もし開発はよくて、そのうえで公害をなくそうという考えでやっていたら釧路湿原はもうなかったかもしれない。

――コンビナート反対闘争、ゴミの問題を通しての地域運動の経験から、開発に対してGNP神話はやめようという話は、今日の社会への根本的批判でもあると思います。これにかわる、もうひとつの地域のあり方を追求していこうと思います。長い間、ありがとうございました。

（インタビューアー樋口篤三・九一年一〇月一九日）

6
井手さんの歩んだ道

私の人生譜

「街と生活を考える市民センター」が設立されたのは一九七九年。それから十三年余の年月が過ぎました。この間、様々な市民運動が生まれ、消え、また成長してきました。その時期を、またそれ以前からの市民・住民運動を担ってきた先達の体験が語られる機会は、今ありありません。そうした経験を少しでも継承し、今後に役立てていくためにこの「私の人生譜」をスタートさせます。

はじめに

この稿の依頼を受けて、並び立てるほどの履歴がある訳でないし、私の生き方の節々でどう考え、どういう選択をしたかを非連続的に振り返ってみようと思った。その不連続が私の「こだわり」の説明になるかもしれない。

私にとって七十四年の年月は、多くの友人を戦争で失い、また運動の同志も次々に世を去って、まさに「永らえて」という感慨に満ちているが、同時に二〇世紀を生きてきた旧世代人のさまざまな失

小児科医の長男として東京で出生

敗と悔恨の思いを、二一世紀を生きる世代の踏み石として伝えたいという焦りも強い。まことに残念ながら二一世紀は人間滅亡の予感が一杯のような気がするからである。

六回の予定を、「中学生のころまで」を一回、「戦中、戦後の時代」を二回、「政治の時代」を二回、「それ以後」を一回の、計六回に分けてみようと思う。

中学生のころまで

私は一九一九年六月、東京に生まれたが、父の出身は熊本である。私が五歳のとき、当時慶応病院に小児科医として勤めていた父が、健康を害して熊本の先輩を頼って沼津に移住、以後ずっと沼津人として過ごしている。父が保養のために沼津を選んだほどに、沼津は気候もよく、風土や人情もやさしく、暮らしやすかったに違いない。

沼津に移る前の幼児の頃の記憶は殆どないが、あの関東大震災に葉山であったことは鮮明に覚えている。津波に追われて裏山に逃げた懸命さ、その夜隣人からもらったバナナのうまさは、幻ではない強烈な思い出である。

移住したころの沼津は、沼津町と楊原村が合併して市になったばかりで、旧沼津には小学校がひとつしかなかった。その小学校に通った私は、医者の息子としていわば「坊チャン」であったと思うが、当時の同窓仲間は「六友会」と称して、いまだに年一回の総会には男女九〇人が集まる。後に私が選挙に出るようになったとき、この連中は「親戚のない井手の親戚代わりだ」と常に大奮闘をつづけ、「六友会」の名は選挙史に勇名を残した。

小学校の思い出のなかでは野球がトップである。スポーツといえば野球しかなかった時代であり、五年のとき野球部ができたとき私はいち早く参加し、少年野球の花形として活躍した。五、六年の二年間だけのことであるが、野球に熱中した経験は生涯残る。

その後、テニスや陸上の選手をやったし、スポーツのセンスはかなりあると自負しているが、ゴルフだけは断じてやるまいと心に決めている。始めれば病み付きになるだろうと思うゆえに一切の誘いを拒否しつづける。ゴルフは「禁断の実」である。

五年のとき、人口増のため新しく第二小学校ができ、千本（※現在の沼津市千本緑町）に井手病院があったため当然第二に通うべきであったのに、私は第一に留まり、弟や妹は第二に通った。私は野球選手だったからだと思うが、そんな大人のからくりはともかく、第一と第二の試合は小さな早慶戦として当時の市民の熱狂の的だった。

当時の思い出のなかで、もう一つ忘れようのないのが不景気の姿である。私は不自由ない生活を送っていたが、東京あたりで失業した労働者が鉄道線路沿いに歩き続けて来て握り飯をねだるのが、連日のようであったことを覚えている。それが、やがて戦争に結びついていくのである。

当時は、小学校のあと中等課程に進む者はまだ少なかったが、私は沼津中学（いまは東高）に昭和七年に入った。その年に満州国が建国宣言し、全マスコミが最大の表現でその成立を祝賀した。それから、国際連盟脱退、防共協定、二・二六事件と続くのが、我が中学時代である。まだ世の中は平和そうであったし、私たちは呑気な学生生活を楽しんでいたが、戦争への歩みは確実に進行していた。

学校の行事の度に、陸士や海兵に入った先輩が得意気に顔を出し、その制服姿の「格好よさ」を披露したし、配属将校の軍事教練も次第に実践向きになって行く。ひそやかだが着々と進むのが「地ならし」の特徴だが、しかとはつかめないなかで時代の重苦しさは次第に中学生をも捕らえ出す。テニスに熱中したり、野球の応援に声を枯らしたり、受験勉強に徹夜したりしながら、世の動きに無関心ではいられなくなる。

当時、島木健作の小説『生活の探求』に書かれた「二重生活」（世の流れとは別に自分の人生設計に閉じこもる）の是非を、先生や友人と議論したものである。

中学を出るころの大きな問題は、高校の理科、文科のどちらに進むのかの選択であった。その選択が生涯の進路の分岐点になる訳だから重大である。私の父は小児科の名医として評判高く、その長男の私は当然にその跡継ぎと見られていたと思う。だが、私は文科を選び、医師となる途を自ら閉ざした。理由は様々であってどれが決め手と定めがたいが、文学好きであったことも大きな理由であり、また日本もやがて全面的に保険医になると予見していた父の語る保険医制度に疑問を抱いたことも事実である（ただし、戦後実施された保険医制度は、父の予見したものよりはるかにインチキである）。

結局は自分のわがままだったかもしれない。すぐ下の弟が医師を継いでいるが、父としてはまことに残念な思いがしたことと思う。文字通り「不肖の息子」であるが、医師とは違っても、社会の病理を探求してきた過去は間違っていなかったと思っている。

高校は大阪府立の「浪速高校」に進んだ。府立の七年制高校で外部からの入学は少なく、また官立より試験日が早いため、二〇倍を越す競争率であったが、運よく合格したので、そのまま入った。この高校でよかったと思うのは、得難い友人に巡り会えたからである。

戦中戦後の時代
～高校・大学・軍隊のころ～

一九三七年、十八歳で中学を出、高校、大学、軍隊と続き、一九四六年に家に戻ったときすでに二十七歳。この時代を説明するのは極めて困難だと思う。私たちと同年代で「戦艦大和の最後」という壮烈な文学を書いた吉田満がいみじくも「散華の時代」とよんだが、散華《さんげ》という言葉も今は通じないであろう。いわば、どう生きるかがどう死ぬかと同じ意味を持つ実感は私たちのものでしかないと思う。

若者から「おじさんたちは何故あんな無謀な戦争に反対しなかったのか」と問われて返す言葉がない。今の若者には抵抗することも出来ない時代があるということは理解しがたいであろう。私も、その時代を振り返るのは大きな悔恨しかない（その悔恨があればこそ戦後の教育委員の公選のとき立候補した）。

自由の気風が残っていた高校時代

高校に入って、沼津のときとは違う多くの個性に巡り会えたことは幸せであった。そのなかで七人の親しい友人ができ、特に四人とは下宿も共にする仲間であったが、そのうち二人が戦死、二人が戦後まもなく亡くなり、最も気を許した一人も先年死亡し、今は二人しか残っていない。高校入学のころはまだ自由の気風が少しばかり残っており、その理想を何とか続けようということが私たち仲間の絆であったが、時代は急速に戦争への道をつっ走る。学生が喫茶店に入っても「学生狩り」と称する警察の咎めにあい、学生がひとり遊んでいるのはけしからんとして「アルバイト」の土木作業に動員される（アルバイトとは、ドイツ流のアルバイト・ディンストの直訳で、今のアルバイトとは全く別の意味を持つ）。

しかし、旧制高校の特徴とは何であろうか。社会を濁世と見下し超然として真と美を追求する青春を欲しい侭にし、弊衣破帽《へいいはぼう》、下駄にマントで放歌乱舞をこととする特権的特徴は何をもたらしたか。常に（戦前も戦中も戦後も）日本の支配層を作り醜い癒着を示してきたのは彼等であり、それが高校時代の理想とどう結びつくのであろうか。

高校時代に陸上競技をやったことは私の人生に少なからずいい影響をもたらした。野球や庭球と違って、ただ飛び走るだけの、人間の力の限界に挑戦するという競技、そのなかで〇・一秒や一センチの重さを実感したことは大事なことであった。

遊んで過ごした大学時代

あまり学校の勉強をせず、ために成績も芳しくなく、東大法学部は無理だと言われたが、私にはひそかな自信もあり、そこを受験して合格した。当時入学試験のあったのは東大法学部だけで、あとの全ての帝大の全ての学部は無試験であった。それだけ志望者が限定されていた訳で、今昔の感が大きい。大学に入った年を私はほとんど講義に出ず遊んで過ごした。本(主として文学書)を読み、興にまかせて各地(山や高原)をさまよい歩くという気ままな生活を送った。変な男よと冷笑されたが、私としては、官吏とかサラリーマンという前途が決まる前にしたかったことであった。卒業がおくれたことで戦争の最も激しい局面にぶつからずにすみ、結果として死を免れた感がある。決してそれを計った訳ではないが、運命としか言いようがない。

翌年の一二月、真珠湾攻撃があり、それはABCD包囲網のなかで窒息させられてゆく日本の「堪忍袋の緒が切れた」壮挙として全国民の熱狂的な興奮で迎えられ、軍国主義一色になる。大学では、すでに自由主義思想の教授は教壇を追われ、皇国思想ないしナチ流学説が大手を振るっていた。

何のために死ぬのかという問いに答えずには生きてゆけない時代である。国の政策を信じ国や親兄弟のために死ぬのだということしかないなかで、大東亜共栄圏の理想が大義となる。私もその理想に固まるべく懸命であった。

長崎で地獄の様を見る

私の同期の友は一九四三年三月に卒業し軍隊に入っていった。それを複雑な思いで見送った半年後の九月、繰り上げ卒業という形で私も卒業した。それは学生に認められていた徴兵猶予が限定されたことを意味し、やがて一一月には学徒動員でそれが否定されることになる。卒業とともに海軍主計の道に入り潜水艦部隊に配属になったが、当時はすでに日本の潜水艦は相手の電探兵器の前に戦闘力を失っており、ために私は戦闘場面に出ることがなかった。私の後の予備学生の多くは特殊潜航艇と呼ばれた人間魚雷の要員となった。

海軍士官に任官した井手さんの任地を訪問した両親

敗戦のころ私は佐世保の部隊におり、長崎に原爆が落ちた翌一〇日に視察を命じられて長崎に入り、地獄の様を目の当たりにした。その惨状は、丸木さんの描いた『原爆の図』の通りであった。その後しばらく微熱が出たが、軽い原爆症にかかったのかも知れない。

父の死

戦後、敗戦処理の仕事を手伝わされ、翌四六年一月に沼津に帰ったが、空襲でわが家は焼け、父は焼夷弾で怪我をしていた。

父は戦争には反対であったが、開戦後は負けてはならないと必死であった。それは大戦後のドイツに留学したときに、敗戦の惨めさを痛感したからである。その父は、危険だから病院を閉めて疎開しろという医師会の命に、医師は患者がある限り逃げてはならないのだと喧嘩したし、空襲のときは防空壕に入らず敵機をにらんでいたという。身体の弱かった父には敗戦、直撃による骨折は致命的であったと思う。戦後一年の八月、六十歳で世を去った。弟は南方の前線におり、その帰りを待つこともかなわなかった。

父が不自由な左手で残した日記の最後には
「聞くならく　西方浄土　ありとかや」

という句が書かれていた。

母と妹と三人の侘び住まいから私の戦後が始まる。私は沼津で職を見つけることとした。

戦後三十年代の活動
～平和と民主主義への燃焼～

戦後沼津で職につく決意をした私は、伝手《つて》があって芝浦機械製作所（いまの東芝機械）に勤めたが、入社してまもなく労働組合運動に近づいた。なにしろ、国家、天皇などの指導理念のもと、聖戦を賛美し、一億玉砕を覚悟していた国民がいきなり「民主」ですべてを割り切る転換を強いられたわけだ

昭和25年　芝浦機械労組の青年の仲間たちと達磨山でキャンプ

から、あらゆる面で混迷は深かった。会社でも労働組合が結成されたが、その初代委員長以下の幹部のすべてが部課長という変則が平気で通っていたほどである。戦中の教育に浸かっていたとはいえ、多少とも「民主主義」、労働組合などの知識をもっていた私は、それらを若者に伝えることに懸命になった。「民主」とか「平和」などということが、決して生易しい原理でないこと、むしろそれらが極めて簡単に窒息させられ潰されていったことを目の前で見てきただけに、その意義と難しさを伝えることが、永らえた私の最大の努めであった。それは、「散華《さんげ》」の時代を終わった世代が今度は「ざんげ」の気持ちでなさなければならないことであった。

戦時中の軍需工場として建てられた会社は戦後の転換の目処《めど》もはっきりつかめずに、

低賃金で、それも遅配が珍しくない状態が続き、労働者が経営に参加しなければ一歩も進めなかった。労働者の文化面での活躍もはつらつと展開され、私は夢中になって組合の仕事に打ち込んだ。

戦後の不況を脱し切れないなかでGHQの指示による財閥解体の措置もあり、人員整理が通告され、組合は激しい闘争に入る。初めは生産管理的な闘争であったが、会社がロックアウトを打ってきたためストに入った。賃金も満足にもらえず、闘争資金の準備も全くないままのストはきつかったが、労働者の意識は大変高く二月から六月までの長いストが続いた。会社幹部はどこかに隠れ、戦いの前途は暗く、やがて終結を考えなければならなくなった。そのとき、私が強く訴えたのは「去る者と残る者が肩を抱き合って別れるような形にしたい」ということだったが、それは単なるセンチメンタルでしかなく、第二組合の結成によって私たちは完全に放り出された。一夜の急転であった。

それは一九五〇年のこと。戦後の民主化がその数年前から急速に弾圧下に追いやられていったことは、そのころの年表を見ればはっきりしよう。そして、その年朝鮮戦争が起こる。その戦争によって日本の景気が一気に高騰したことも忘れてはなるまい。時代は急激に変化し続け、首になった私の進む道も決定的になる。

私の転機をさらに決定づけたのは、一緒に首になった青年たちが井手さんと生活を共にしたいと言ってきたことであった。自分一人の身の処し方も見当がつかないときに、この青年たちを四人も抱えてどうするのか、極めて難問題であったが、彼等に労働者の戦いを教え、争議のなかでは演劇や文化工作に共に命をかけた仲間であれば、むげにその申し出を断ることは出来なかった。いくらも退職金がない中でとりあえずガリ版屋を始めることとし、家の庭に印刷所を設け、一人も経験者がないままにがむしゃらに仕事を開始した。「とき孔版」という名は「解く〜解放」からとった。

何しろ悪名をとどろかした五人の事業であり、ひたすら肉体をすり減らしながらの仕事であり、たいした金にもならないなかで皆は必死の労働を続けた。その貧乏暮らしの間にも、私はさまざまな運動に精出すことを止めなかった。原爆展の独自開催、原水爆禁止運動その他平和に関する運動の主役であり、いろんな運動のチューターをやり、演劇研究所を創設し、前進座とか民芸などの劇団を呼び、映画友の会（当時三〇〇〇人の会員がいた）を率い、というように、一銭にもならない運動にうつつを抜かした。仕事仲間には随分と迷惑をかけたが私のわがままには寛容であったと思う。教育委員が公選で行われる機会に私は躊躇なく立候補し、「戦争に向かう一切のことに反対する」というスローガンで戦ったが、そのスローガンは、戦争が決して武力の場のことでなく、それ以前の経済、社会、教育の場で決まるという私の「ざんげ」の実感を表明したものであった。選挙は惨敗であったが、私の孤独の戦いの姿に感じてくれた人は後々までそれを忘れないでいてくれる。

戦時中強制労働（ないし捕虜同然）として日本で働かされていた中国人の遺骨が伊豆の山中に放置されていることを知り、その遺骨を発掘し故郷に送還する仕事もやったが、戦争の悲惨を語るとき被害者意識から強調されるだけでなく、加害者としてのざんげが必要であることをその仕事を通じて示したかった。

市の政治にもよく口を出し、さまざまに市政の革新性への転換の運動を繰り返した。そして、一九五九年の市議会議員選挙に出て、それから政治の世界での活動が始まる。

会社を首になったのが三十一歳、市会に出たのが三十九歳。その間の苦労は思い返せばよく続いたと感心するが、その時代が私のすべての生き方の基本を作ったと思う。その三十歳代の活動がなつかしい。その時代の運動仲間が、その後の沼津のさまざまな運動を続けている。

三十歳代を「まだ若い」と見るか、「もう」と見るか。私にとっては「もう」の意識の方が強い。それも戦争に青春を費やした口惜しさであろうか。

しかし、その中で最も苦労したのは女房だったに違いない。サラリーマンに嫁いだつもりが、労働運動で首になり、多くの若者の面倒まで見ることになり、正月もない貧乏暮らしのなかで、機関紙の配達に走り回り、切符売りに頭を下げ、選挙の手伝いをさせられ。いったい何を考えどう生活していくのか悩みが絶えなかったと思うが、ぐちを言わずについてきてくれた女房にはただ感謝あるのみであり、知る人は私の呑気さ加減をいまさらのようにからかう。

政治の時代

私の「政治の季節」は、一九五九年（三十九歳）の沼津市議会議員当選から一九七八年（五十九歳）の沼津市長辞任までのほぼ二十年の間である。この間の人生譜を二回にわたって述べることとする。

社会党と一体だった二十年間の政治活動

市議会議員は四期勤めたが、社会党公認の議員であり、市長選挙のとき無所属となったが、これも社・共中心の体制であったから、私の政治活動と社会党とは一体であったということになる。事実党の支部責任者としては衆議院議員選挙に二人当選（勝間田・久保田、または勝間田・渡辺）のために努力し、また当時定員四人のなかでも県会議員選挙に二人（鈴木・斎藤）を実現したし、党の日常活動の展開のためにはそれなりにつとめたつもりである。しかし、入党以来痛感していたこの党の議員中心的体質には、終始ついていけなかった。二人当選の目標も所詮は双方から恨まれるだけのことに終わったし、日常活動も議員にプラスになるかどうかで判断され、後述するコンビナート闘争も必ずしも受け入れられなかった。つまり「いい党員」ではなかったのであり、そのことについては私も多くの言い分を持つが、同党の現状の中ではそれを細かく書く気にはなれない。

「市」にこだわり地域から中央支配の打破を目指した

もうひとつ、私の政治活動の特徴としては、あくまで「市」に固執しつづけたことにあると思う。これは私の信念であり、市議会議員活動の中で一層動かしがたい生き方となった。「市」より「県」が、「県」より「国」が偉いとする流れ（それは革新政党の中にも労働組合の中にも常識的にある）には断固として抵抗することが必要に思えたから、どんなに勧められても「市」にこだわり続けた。それは、私の生き方〜平和と民主主義〜からすれば当然であり、国の政策に反しても市民の日常生活を守るために自治体を強化し、NOと言える自治体を作ることが私の目標であり、中央集権の中で地方が痛め付けられている事実を見捨てることが出来なかったからである。確かに「市」では根本的な解決は出来ず、県や国の政治を変えなければ何事も解決しないであろう。しかし、私は壁が厚いことを百も知りながらも「市」に固執し続けた。政治、経済、社会の中央支配を下から打破することが私の使命と考えていた。

公害と公害意識とは違う

市議会議員の活動の中で最も大事であったのは、二期目の初めに石油化学コンビナート阻止の市民運動に命をかける思いで戦ったことであり、この戦いの経験が私のその後の活動の原点となった。このことはすでに沢山書かれているし、私も自著の『公害～未完成交響曲』（協同図書サービス）の中でかなりのページをあてているので、省略したい。ただ、私が当時いわゆる「公害先進地」を回って痛感したことは極めて大事な教訓だと思うので、そのことだけ述べておこう。

それは、「公害と公害意識とは違う」ということ、つまり公害があって、人の健康や命に係わるような現象が目の前にあっても、それを意識し、かつ告発することが如何に難しいかということであり、その告発がなければ無数の公害事実が闇の中に隠されるということである。被害を受けていても、周囲へのおもんぱかりや家族への考慮のために黙っていることが多いし、そのしがらみを突破するのは「日本の民主主義」の中では大変に勇気のいることになるという悲しい事実である。そうした「民主主義」があるから、公害企業の労働組合は反公害闘争を常に敵視することになるし、その企業主義の中で戦争物資の生産さえも支えて怪しまない体質につながるのである。

官吏の弱さを突いても益なし

沼津市議会の中では革新派は極めて少数であり、形だけの多数決が民主主義の名でまかり通って

メーデーのテーマは「千本浜埋立反対」と「市民本位の市政の実現」

いる中では、常に少数派の悲哀にぶつかるわけだが、私は彼等保守派の連中には政策では絶対に負けないという自信を持ち、少数派であることをむしろ誇りとした。また、常に市長と対決する議論をぶつけ、部課長いじめになることは出来るだけ避けた。官吏の弱さを突いても益なかったからである。しかし、議会内の駆け引きは存分に利用した。コンビナート闘争の最中、保守派の混乱に乗じて当時の賛成派と反対派をひっくり返すような利用の仕方も敢えてした思い出がある。

地域開発の進め役は常に県である。これは、県という存在が中央寄りであること、県の収入が開発志向型になっていることによる。コンビナートの勧め役も静岡県であったが、私たちは戦いの焦点をあくまでも沼津市におき、市民に身近な市がどういう態度をとるかを攻め続けた。この方針は正しかったし、革新だけの運動ではなく地域の自治会をあげての住民闘争の性格を持つものであったが、この戦いの翌年に行なわれた市長選挙では、運動を進めた陣営は分裂し、当時の市長の再選という滑稽な結果となった。この点は多くの反省を強いられるが、地域ぐるみ、自治会中心の戦いの保守性を改めて痛感させるものがあった。

自治会をどう捉えるのか

自治会（町内会）という組織は何なのか？　それは、政治を志す人が必ず考えなければならない極めて重要な課題であろう。

一方ではそれを保守を支える地盤として攻撃し、片方では何とかそれに依存しようとするジレンマがある。コンビナート反対闘争も、有名になったごみの沼津方式も、自治会を頼りにして実現したものである。地域の力をどこに根づかせるのか？　革新派はこの重要課題にまだ回答しようとしないで、自治会攻撃を選挙の度に主張するだけである。自治会はその点で現状では「諸刃の剣」であり、地域を語るとき、この組織、その作用を抜きにして進むことは出来ないと思う。私は議員のときに地元の自治会長を七年もやり、その中で千本浜埋立て反対など自治会ぐるみの戦いをやったが、自治会をどうとらえ、どう民主化するかは大事な視点である。

コンビナート闘争のあと、私は胆石の摘出手術のために入院し、その後約半年の間はじっとして過ごしたが、手術後は異状なく元気に政治活動に精出すことになる。（つい数年前に今度は腎臓の石を取ったが、石が出来易い体質は私の弱点らしい）

市長の仕事

市長選での勝利＝市民運動の勝利

市議会議員を続けるなかで、中央支配構造の下で痛めつけられる「市政」へのこだわりは一層強

市長選挙前の盛り上がった市民集会で

まるとともに、一度は市長をやるという決意も次第に固まる。しかし、市長をやるということは簡単な決意だけでは無理であり、慎重に時期を選ぶ必要がある。

一九七三年、市議会議員四期目の半ばで私は市長選挙に出て、自民党の現職市長との一騎討ちの戦いをやり、私には勝ち目がないという大方の見方のなかで見事に勝利した。僅かの差ながら

私が勝ったのは、始めて本格的な革新統一ができ、私の長い間の様々な運動を通じて得られた市民の期待と信頼が寄せられたからであり、いわば私の勝利は市民運動の勝利であったと思う。

現代文明のもたらす危機　その根本原因を追求して対処するのが都市政策の基本

市長になった一九七三年は石油ショックの年であり、就任早々に大変なインフレ、財政難にぶつかり、それを切り抜けるのに四苦八苦したが、私はこの危機に対して政府流の一時的な回避策をとることに抵抗し、むしろこれを日本の経済社会を根本から転換させる好機と捉え、市政方針のなかにも「資源と環境の制約下に如何に生きるか」を市政の中心課題とする方針を明らかにし、それを自治体のなかに貫くことに知恵を絞った。

危機を安易な対策でごまかさず、その根本の原因を追求して対処することは、すべての都市政策の基本だと信ずる。

ごみ処理方式の転換、ソーラーシステムの導入、河川改修の先行、緑道の建設、環境基本条例の制定など、人から「先駆的」と評される施策は、私に言わせれば、効率主義に走る現代文明が捨て去り忘れ去った文化の取り戻しであり、むしろ「後戻り」の意義を込めたものであった。だから、その意義を市民に理解して貰うよう随分と「お説教」も繰り返した。その当時いろいろ書いたものが後に『街角から』という本にまとめられたが、それが七〇〇〇部も売れたことは私の思想がいくらかは理解して貰えた証しだと自負している。

また、これらの施策を、市の職員が先頭に立って進めたことも私の最も嬉しいこととして残る。

昭和 48 年 1 期目の市長選挙に僅差で現職を破った瞬間

政治には反対者が必要　対立論争がないことは堕落の道

始めの選挙のとき、保守が二つに割れて革新が有利になるという情勢があったが、私はあくまで一騎討ちを強く望んだ。それは、選挙の争点があいまいになることを嫌ったからであり、また保守の分裂のなかで革新が弾き飛ばされる運命を何度か経験していたからである。選挙に争点がないとか言ったり、首長選挙に相乗りすることが目立つが、それは革新の自滅につながる。二期目の選挙にはなかなか対立候補が出ない情勢があったが、その時にも私は対立候補が出ることを願い、独走はいけないという方針で終始した。

政治には反対者があり、それとの間に論争をすることが大事であり、対立、論争がないことは堕落の道と観念すべきである。そして、反対者を説得する自信を持つことが必要である。選挙での相乗りは民主主義の自殺だと信じるし、そもそも相乗りなどという、あり得ないことが流行するのは戦いの放棄であり、それが今日の政治の混迷をもたらしていよう。

革新＝破壊者のイメージを打破　二期目の選挙では全市に浸透

革新に対するイメージがひどく歪んでいることも、決して軽視してはならないことである。市長になったとき、あるばあさんが「井手が市長になると田畑が取り上げられると聞いていた」と語り、あるじいさんは「革新とは鬼のような顔だと思っていた」と述懐した。これらのことを笑い話とするのではなく、革新＝暴力＝破壊者というようなイメージで世間が見ていることを真剣に反省すべきであろう。

少なくとも私には、強い反省の材料であった。そのイメージを打破し、ごみ問題や七夕豪雨災害に真剣に取り組んだことが、私の二期目の選挙には市内のほとんど全地区に私の選対ができる基礎になったと思う。

議会対策を誤り二期目途中で辞任　政治のドロのなかで生きるには甘すぎたか

少数与党のなかでの市政運営は、大変な困難を切り抜ける勇気と決断、さらにはかけひきも必要になるが、二期目の選挙が完全に優勢であったことが私の油断にもなったのであろう。議会対策を誤り、議会との戦いに巻き込まれ、その戦いに敗れて市長職を途中で辞任するというみじめな結果を招

初の革新市長としての重責を背負った執務

いてしまった。

この「ぶざまさ」は、熱い支援をしてくれた市民にとってはたまらない結末であったろうし、私としても残念至極であるが、所詮私は政治のドロのなかで生きるには甘過ぎたし、抜けるところが多かったのだと思う。

ただ、少ない与党のなかで私を守るために必死になってくれたある議員が、戦いの最中に倒れるという悲痛な事態があり、それを越えて戦う闘志が次第に萎えていったことも事実である。

辞任のあと、もう一度市長をやれという声は大きく、それを断るすべも難しかったが、敗れた私には「また」はなかったのであり、私の失敗はなまじのことで回復するものではなかった。私の政治の季節は、市長在任わずか五年で終わった。

市長としての最初の仕事「環境基本条例」への思い

近頃の「環境」ブームのなかで、私が市長になると同時に作った「沼津市環境基本条例」を懐かしく思い出す。この条例は、一九七三年の九月議会に提案し可決してもらったもので、私の市長としての仕事の最初のものであった。七〇人の委員ですべての課題を環境の面でチェックするシステムであり、市のなすべき義務を明記したものであった。特にこれに基づいてシビル・ミニマム（最小限度の生活基準）を策定し、それを全市民に理解してもらうために各地で集会を開いた経過は忘れ難い。そして、それらの努力を私以上の熱意で進めていった当時の企画関係職員の奮闘を改めて思い出す。今となっても、この条例の根幹は正しいという自信がある。

「環境基本法」がインチキな方向にしか作られないのは、環境問題を企画担当が握らないからである。

市長辞職後から現在

市長辞任後再び住民運動へ

市長辞任の後、私は再び住民運動のなかに自分の生き方を求めた。それにはあくまで少数派であることを覚悟しつつ、住民の力を信じて無党派を貫くことが必要であった。市長を辞めたのが六十歳、実はその後の活動を評価されて一九八七年に沼津朝日賞の特別賞を頂いたが、政府の叙勲は拒否する

市長退任後、講演を請われるままに各地を訪れた折のスナップ

なかでこの賞は有り難いものであった。

「ぬまづ市民自治研」の運動

私の運動は、はっきり区別はできないが、ほぼ二つの方向を辿る。

一つは、沼津市に係わる運動で、自治は「市民と市職員と市議会議員」の三者の提携によって進めるべきだとする私の持論をもとに「ぬまづ市民自治研」をつくり、市政のさまざまな問題について三者の共同行動を展開した。この運動体は自由な組織であるが、問題ごとに活発に行動し、沼津の民主化を進めた。なかでも「手づくりせっけん」の運動は大きな成果を上げた。手づくりせっけんは、私の女房が密かにやっていたのを職員や議員が分析その他の研究を踏まえて普及に乗り出したもので、沼津市内だけでなく、広くに瞬く間に広がった。八五年に開いた「手づくりせっけん全国集会」は大成果を上げた集会であった。また、この運動に市職員組合が積極的に取り組み、組合が市民のなかに飛び込むことがどんなに大切かを実証したことも成果として残るものである。

「市民自治研」の運動は、水俣のこと、原発のこと、ごみのことなど、様々な時流を取り上げ、その手法も講演、映画、芝居と多岐にわたり極めて盛んに展開された。また、その流れのなかで私を講師とする「街角講座」も八六年から約二年間月一回のペースで続き、またメンバーが中心になった市民集会のなかで九一年にはごみ収集業務の民間委託をやめさせたり、九二年には柿田の水の販売を断念させたりした。

全国自然保護連合の理事長に

もう一つの方向は全国的な運動への係わりである。一九八一年に全国自然保護大会が静岡県で開かれ、私がその実行委員長を引き受けたことがその大きな契機となった。それまでは全国自然保護連合という運動体のことはまるで知らなかったが、この大会に文字通り手弁当で全国から参集する運動家たちの姿に大きな感動を覚え、私は以後の自分の活動の中心にこの連合を置くこととした。この連合に参加している者たちは、各地で自然破壊（その多くは公共事業による）と素手で戦い、困難な状況下に必死の思いを続け、支援政党のないなかで無党派の戦いを捨てようとしない連中であった。静岡大会で初めてごみ問題が取り上げられたことも私を狩りたてる契機であった。

静岡のあと、自然保護大会は志布志、千葉とつづくが、千葉大会のとき私は新参の身ながら連合理事長に押され、この運動に少しでも役立つならばという思いで理事長を務めることとした。その後、長野（八ヶ岳）、琵琶湖、下北、今治と大会は続くが理事長としてこれらの数次の大会は感慨深いものばかりであった。

「生活クラブ生協」の理事長に

その連合理事長をやめることになったのは、八七年ころ沼津を中心にして「生活クラブ生協」の設立が準備され、その発起人たちから生協理事長になって欲しいと強く要望され、それを断り切れなかったためである。二つの理事長は性格的にも時間的にも兼任は困難であり、私としては自分の生き甲斐としてきた自然保護の仕事を捨てるのは辛かったが、そう長くはないだろうという判断で暫く生協の面倒を見ることを決めた。しかしなかなか手を抜くことが出来ず、今日もなお生活クラブ理事長の任にある。

「廃棄物を考える市民の会」の運動

生協については何の経験もないからどれだけ勤まるか疑問であり、また、ごみ問題はますます深刻になってくるため、放置できずに全国を飛び回ってその問題に取り組んでいる。「廃棄物を考える市民の会」という運動体を作りその代表になっているが、この運動体はごみ問題を地域住民の立場に立って応援することを第一としながら全国的規模の運動を展開している。ごみ行政マンや大学教授、一般市民、ルポライターなど様々な人材が問題に直面しながら奮闘している。私もその仕事に忙しく、

喜寿の祝いに思わず口元も綻んで

九〇、九一、九二年と年に五〇～六〇回も各地に出かけている。

古希を迎え　女房とともに

一九八九年、古希（七十歳）を迎え、二つの本を出した。ひとつは、『永らえて、こだわって　わが古希』と題してそれまで地方紙などに書いたものを集めたもの、ひとつは『公害―未完成交響曲』と題して石油コンビナート反対運動を原点とする私の持論をまとめたもの、この二つの著作で私の思想は全部書き終わったと思っている。

そのような活動を展開しているなかで、九二年一月に女房が脳出血で突然に倒れたことはショックだった。幸いに症状は軽くてすんだが、麻痺は残り、不自由な生活を送っている。長い間苦労ばかりかけてきたことを思えばいい加減に対応してはならず、以来の私の生活および活動は女房中心に組み立てられている。運動の同志にはいろいろ迷惑をかけるが、これを貫かなくては私の生涯はないと思っている。私と女房は歳が七つ違い、再来年の九六年には私が喜寿、女房が古希、当面それまでふたりして頑張ろうとおもう。

おわりに

「私の人生譜」ということで需《もと》めに応じて駄文を重ねてきた。読んで下さった各位には心から感謝申し上げる。もっと面白い歴史を書くことを望まれたと思うが生来ぶきっちょで済まぬ次第である。

《終》

「私の人生譜」の連載はこれで終了します。快く執筆を引き受けてくださった井手さんには、深く感謝の意を表したいと思います。

（担当　中村英一）

井手敏彦略歴

田中　孝幸作成

一九一九年　六月二一日　小児科医の父敏男、母けいの長男として東京に生まれる。

一九二四年　五歳のとき、両親とともに沼津へ転居。

一九三七年　旧制沼津中学卒業

一九四〇年　大阪府立浪速高校卒業。

一九四三年　東京帝大法学部政治学科卒業。
三菱重工入社と同時に応召、海軍経理学校入校。
呉潜水学校を経て佐世保鎮守府に配属、主計中尉任官。
被爆直後の長崎を視察し、放射能に被曝。

一九四五年　除隊後、三菱重工長崎造船所に復職。

一九四六年　三菱重工を退社し沼津に帰省。芝浦機械に就職。
労働組合運動のなかで首切り反対闘争を闘う。同時に文化活動、平和運動などに取り組む。

一九五〇年　首切り反対闘争に敗れ、解雇される。
一緒に解雇された仲間と「とき孔版」を設立、ガリ版印刷を生業とする。

一九五四年　第一回教育委員公選に立候補し、落選。
強制連行され伊豆の鉱山で殉難した中国人の遺骨返還運動に取り組む。

一九五五年　第一回原水禁大会に取り組む。
労働講座、平和講座を開催するなど市民運動に取り組む。

一九五九年　沼津市議会議員に初当選、以後四期連続当選。

一九七三年　この間、コンビナート反対闘争、千本浜埋立・沼津外港・我入道新港建設反対運動、千本松原サイクリングロード構想などに反対する取り組みを指導。

一九七四年　沼津市長に当選、初の革新市長誕生。
オイル・ショックによるインフレーションに見舞われる。

一九七五年　七夕豪雨被災。

一九七七年　三分別による沼津方式のゴミ収集方式を全市で展開。

一九七八年　二期目の市長選挙に大差で勝利。

一九八一年　市政混乱の責任により市長退任。
市長退任後、全国各地から沼津方式のゴミの分別収集に関する講演に招かれるなどし、首都圏や関西圏の廃棄処理問題にかかわる「巨大ゴミの島に反対する連絡会」で活動。
「全国自然保護大会静岡大会」実行委員長を務める。

一九八二年
10月　「核発電に反対する沼津集会」　反核コンサート：うた　南修治氏
10月　講演『核燃料サイクルの恐怖』井上澄夫氏（核発電に反対する会）
駿河湾会議第一回会議〝清水港クルーズ視察〟

一九八三年
3月　『新せっけん物語』『原発切抜帖』上映（ぬまづ市民自治研）
4月　映画『水俣の図・物語』上映と講演（土本典昭監督）（ぬまづ市民自治研）
「全国自然保護連合」理事長に就任。
全国自然連合理事長として活躍の場が広がる一方で、「街角講座」で講師を務め、「駿河湾会議」、「ぬまづ市民自治研」、「廃棄物を考える市民の会」など地元での地道な活動にも中心的な役割を担う。

一九八四年
5月　映画『無辜なる海』『水俣の甘夏』上映（ぬまづ市民自治研）
7月　駿河湾会議合宿（井川、県民の森キャンプ場）
10月　講演「工業的くらしから農的くらしへ」（槌田劭氏）
「富士山周辺の乱開発と基地問題」駿河湾会議バスツアー
11月　映画『海盗り』上映（ぬまづ市民自治研）

一九八五年

2月　「手づくり石ケン全国交流会」（ぬまづ市民自治研ほか）
6月　「私たちの〝海のシンポジウム〟」（清水市久能荘にて）（駿河湾会議）
　　　講演「人工島をめぐる全国的状況」（熊本一規氏）「渚と私たち」（井川龍介氏）
8月　駿河湾会議合宿（達磨山）
　　　講演「社会的左翼論」（花崎皋平氏）
10月　「加藤登紀子コンサート」開催（ぬまづ市民自治研ほか）

一九八六年
5月　一人芝居『百年語り〝関根浜小史〟』愚安亭遊佐さん（駿河湾会議ほか）
7月　「第一六回全国自然保護大会」（青森県・六ヶ所村・むつ市にて）
11月　全国湾会議「今、駿河湾、ＳＯＳ」清水市にて（主催・三湾会議）
　　　講演「なぎさを守る」（横浜市大・鷲見一夫氏、週刊釣サンデー・小西和人氏）
12月　『もうひとつの暮らし方』〝街角から2〟出版記念講演会（街角講座）
　　　以後約五年間、「街角講座」を継続開催（全回数の三分の二は井手さんが講師）

一九八七年
7月　駿河湾会議夏合宿（井川、県民の森にて）
　　　講演「女たちの銃後」（加納実紀代氏）
　　　生活クラブ生協静岡の理事長に就任。
　　　ふみ子夫人の介護を続けながら、以後一〇年間同生協理事長を務める。

一九八八年
1月　映画と講演の夕べ
映画『ドキュメント・チェルノブイリ』
講演「チェルノブイリ原発事故と食物汚染」（藤田祐幸氏）（街角講座）
一九八九年
5月　映画『柳川掘割物語』上映（街角講座）
11月　十一弦ギターひき語り・東民正利演奏会〝宮沢賢治の世界〟（ぬまづ市民自治研）
一九九〇年
4月　アースデー「地球環境の保全」展
W・ユージン・スミス『水俣』写真展
映画『わが街わが青春―石川さゆり・水俣熱唱―』、『紙はよみがえる』上映　主催：沼津環境保全協会　共催：生活クラブ・市労連・ぬまづ市民自治研・街角講座
6月　『公害ゴミ――未完成交響曲』出版記念講演会
講演「いのちの水―新しい汚染にどう立ち向かうか―」（中西準子東大都市工学科助手）
主催：沼津環境保全協会・ぬまづ市民自治研・沼津市民協・街角講座
12月　ゴミ問題を考える市民学集会
一九九一年
市のゴミ収集業務の民間委託計画に対する撤回を求める緊急集会

1月　ゴミ問題を考える市民学集会（第二回）
3月　ゴミ問題を考える市民学集会（第三回）
6月　「沼津市一般廃棄物処理基本計画」に対する疑問について、沼津市長宛申入れ（ゴミを考える沼津市民学集会として）

一九九二年

3月　「合成洗剤追放第一八回全国集会」（ぬまづ市民自治研）
記念講演「地球環境破壊と細胞内の遺伝子破壊」（市川定夫氏）
5月　映画『あーす』上映（沼津市労連・映画アースをみる会）
9月　『柿田の泉』商品化問題を考える市民の集い（市民協・街角・その他）
10月　『柿田の泉』商品化撤回について要望、沼津市長宛申入れ（市民の集い参加者として）

二〇〇四年

二月八日八四歳で逝去。

著書
『街角から』（一九七八、自家出版）
『ゴミ問題の焦点』（一九八五、共著、緑風出版）
『公害―未完成交響曲』（一九九〇、協同図書サービス）
『エコロジカルな暮し方』（一九九二、緑風出版）

初出一覧

行政と住民共闘の〝ごみ戦争〟　『ごみで斬る』一九九二年（株）社会思想社刊

ゴミが宝か、宝がゴミか　『社会運動』一九八三年四月号

ゴミによる国家改造法序説　『ペンギン』一九八四年一〇月号

ゴミ問題を考えよう！　生活クラブ生協静岡機関紙『えぷろん』一九九四年六月号

石油コンビナート反対運動　『公害―未完成交響曲』一九九〇年　協同図書サービス（株）刊

あれから二十年 現代的意義考える―石油化学コンビナート闘争座談会
『沼津朝日新聞』一九八四年九月九日

さまざまな環境保全運動　『公害―未完成交響曲』一九九〇年　協同図書サービス（株）刊

はじめに―沼津の人たちへ　『永らえて、こだわって』一九八九年六月刊

広島・平和の心　同右

忘れんでおくれ　pdf　同右

プロローグ　同右

韓国への思い　『沼津朝日新聞』（「いいたい放題」）　一九九三年九月一五日
中国人への詫び　同　一九九四年六月二六日
疎ましき八月の記　同　一九九五年六月二四日
沖縄と沼津　同　一九九五年一〇月八日
国が消えた日　同　一九九五年一二月一四日
アメリカは大国の論理を押しつけるな　同　（意見広告）　二〇〇三年四月一日
生き方としての文化〝運動の系譜から〟『永らえて、こだわって』　一九八九年六月刊
ヂャーナリズムの谷間に　『沼津朝日新聞』（「いいたい放題」）　一九五三年一月九日
チャオ・公会堂　同　一九八二年六月一二日
芹沢さんの帰郷の日　駿河豆本『惜別、芹沢光治良先生』　一九九四年三月二三日刊
「劣情論」を省みる──駿河湾会議夏季合宿のなかで『社会運動』　一九八四年一〇月号
〝生活者〟とは　『えぷろん』　一九九〇年八月号
白さは清潔か　同　一九九一年一二月号
家事の大切さ　同　一九八八年八月号
タダほど高い　同　一九八八年九月号
「地方」のイメージを拒否する　『社会運動』　一九八三年六月号
税の使途、貯蓄の行方　同　一九八五年三月号
千本太郎のこと　『沼津朝日新聞』（「いいたい放題」）　二〇〇一年八月四日

地域にこだわる思想と運動　『明日を拓く』一九九一年秋季号
私の人生譜　『街と生活を考える市民センターニュース』一九九四年

あとがき

早いもので、井手敏彦さんがお亡くなりになって二年近くの歳月がたちました。追悼集の出版企画については、亡くなられた直後から発案があり、有志により話し合いを重ね、準備を進めてきましたが、この度ようやく刊行の運びとなりました。

この選集は、これまでに刊行された井手さんの著書や地元の沼津朝日新聞、その他様々なパンフレットなどに掲載された論文・コラム等を、五つのテーマ別に編集し、各テーマの解題を井手さんにゆかりの深い方々に執筆を依頼しました。ご多忙中にもかかわらず、快くお引き受けいただいた皆様に感謝申し上げます。

また、第六章には、静岡市の『街と生活を考える市民センターニュース』に連載された「私の人生譜」を転載するとともに、井手さんの略歴、井手さんの後期の活動とかかわった年譜風の記録を付し、井手さんの生きて来られた日々を偲ぶ資料としました。

地域の活動から決して離れることなく、様々なテーマを普遍的に考え、行動し、「市民による自治の実現」と「地方分権の重要性」を指摘し続けた井手さんの実践に裏打ちされた思想は、当初想定していた「追悼遺稿集」ではなく、混迷する今を生きる私たちに困難に立ち向かう勇気と希望を与えてくれるものと信じています。

最後に、様々な資料や写真を提供してくださった方々に厚く御礼申し上げます。この「井手敏彦選集」が多くの方々に読まれることを切に願っております。

二〇〇六年二月

井手敏彦選集刊行会

[編者紹介]

井手敏彦選集刊行会（いでとしひこせんしゅうかんこうかい）

代表　赤堀ひろ子

静岡県沼津市宮前町 21-4　生活クラブ生活協同組合内

電話　055-923-4828

FAX　055-922-6153

地域《ちいき》を変《か》える市民自治《しみんじち》——井手敏彦の実践と思想

2006 年 2 月 4 日　初版第 1 刷発行　　定価 1900 円＋税

編　者　井手敏彦選集刊行会 ©

発行者　高須次郎

発行所　緑風出版

〒113-0033　東京都文京区本郷 2-17-5　ツイン壱岐坂

［電話］03-3812-9420　［FAX］03-3812-7262

［E-mail］info@ryokufu.com

［郵便振替］00100-9-30776

［URL］http://www.ryokufu.com/

装　幀　堀内朝彦

制　作　R 企 画　　印　刷　モリモト印刷・巣鴨美術印刷

製　本　トキワ製本所　　用　紙　大宝紙業　　E1500

Printed in Japan　　ISBN4-8461-0522-9　C0036